R 10052

1698

Lelevel, Henri

La philosophie moderne par demandes et par réponses... avec un traité de l'art de persuader

Tome 2

janvier

R 1902.

10052

LA PHILOSOPHIE MODERNE,

Par Demandes & Réponses ;

Contenant la Logique, la Métaphysique, la Morale, & la Physique,

Avec un Traité de l'Art de Persuader.

PAR M. DE LELEVEL.

TOME SECOND.

A TOULOUSE,

Chez GUILLAUME-LOUIS COLOMYEZ, Imprimeur du Roy & de la Cour, Juré de l'Université de Toulouse, 1697.

Avec Privilege du Roy.

TABLE

DES CHAPITRES du second Tome de la Philosophie ancienne & moderne, par demandes & réponses.

LA PHYSIQUE.

CHAPITRE PREMIER.

Objet de la Physique. Proprietez essentielles de la matiere. Sa divisibilité à l'infini. Espaces. pag. 1

Chap. II. *Force des corps. Force mouvante.* pag. 15

ã ij

TABLE

Chap. III. *Usage des loix du mouvement. Corps organisez.* pag. 24

Chap. IV. *Principe de la difference des corps. Absurdité des formes substantielles.* pag. 34

Chap. V. *Réponse à ceux qui osent mêler la Foy dans les matieres de Physique.* pag. 45

Chap. VI. *La formation du monde. Tourbillons.* pag. 54

Chap. VII. *Continuation du même sujet.* pag. 67

Chap. VIII. *La formation des corps terrestres. Leurs qualitez.* pag. 76

Chap. IX. *Vertu de l'Aiman.* pag. 84

Chap. X. *Flux & reflux de la Mer. Sphére de Copernic.* pag. 93

Chap. XI. *Meteores. Changemens des corps.* pag. 110

Chap. XII. *Formation du Corps humain. Son progrés jusqu'à sa naissance.* pag. 121

Chap. XIII. *Circulation des humeurs. Cause des passions.* pag. 131

Chap. XIV. *Causes generales des maladies. Remede general.* pag. 140

DES CHAPITRES.
Chap. XV. *Esprits animaux. Cerveau.* pag. 148.
Chap. XVI. *Sens exterieurs.* pag. 162
Chap. XVII. *Le Son.* pag. 170.
Chap. XVIII. *La maniere de voir les objets.* pag. 181

※※※※※※※※※※

DE LA
VRAYE ET DE LA FAUSSE
ELOQUENCE.

CHAPITRE I.

Liaison de l'Eloquence avec la Philosophie. Qui sont ceux pour qui l'Eloquence est necessaire. Ses caracteres. Ce qu'ils excluent. pag. 201

Chap. II. *Abus de l'Eloquence. Ce qui fait le vray & le faux Orateur.* pag. 212

Chap. III. *Portrait d'Homere, de Ciceron & de Demosthene, selon*

TABLE

Quintilien. Ce qu'on tire de leurs Ouvrages. pag. 221

Chap. IV. *Conditions d'une piéce d'Eloquence. Manieres de la figurer. Régles pour les Portraits.* pag. 231

Chap. V. *Régles pour les mots. Ce que c'est que sublime & naturel. Ce qui rend l'Eloquence efficace.* pag. 239

Chap. VI. *Moyens pour bien juger des Piéces d'Eloquence. Trois sortes de Critiques.* pag. 247

Chap. VII. *De la Memoire.* pag. 254

Chap. VIII. *Réponses aux objections que l'on fait contre l'Eloquence de la Chaire, & l'usage de l'imagination.* pag. 264

Fin de la Table du second Tome.

LA PHYSIQUE

LA PHYSIQUE.

CHAPITRE I.

OBJET DE LA PHYSIQUE. Proprietez essentielles de la matiere. Sa divisibilité à l'infini. Espaces.

Dem. QU'APPELLEZ-VOUS la Physique?

Resp. On appelle ainsi la connoissance de la nature. Quand vous sçaurez les causes de ce qui se passe dans monde corporel, vous sçaurez la Physique.

Dem. Peut-on sçavoir les causes de tous ces effets naturels.

Resp. Ces causes sont si compliquées, les observations si penibles

les expériences si trompeuses, qu'à moins d'être appellé à une étude particuliere de la nature, on fait mieux de se contenter de la connoître en general, que de descendre dans ses détails.

Dem. Par quelles voyes arrive-t'on à cette connoissance ?

Resp. Par les sens & par la raison. Nous ne pouvons que par les sens connoître que les objets qui nous environnent ont telles ou telles qualitez ; mais pour connoître en quoy consistent ces qualitez, il faut s'élever au dessus des sens, & consulter l'idée de la matiere.

Dem. Qu'appellez-vous l'idée de la matiere ?

Resp. C'est cette étenduë sans bornes que vôtre esprit considere quand il lui plait.

Dem. Pourquoy consulter cette idée, & non pas la matiere même ?

Resp. C'est que la matiere ne pouvant pas agir sur l'esprit, elle n'en peut être l'objet. Nous la connoissons, & elle ne se fait point apercevoir par elle même. Il faut donc que nous la connoissions par l'idée qui la represente. Et cette idée, qu'on peut appeller étenduë ideale, est nécessairement le seul objet de la Physique.

Dem. La matiere & son idée ont-elles les mêmes proprietez?

Resp. Prenez garde ici de vous méprendre. La matiere est longue, large & profonde : Son idée n'a ni longueur, ni largeur, ni profondeur ; on y conçoit seulement ces dimensions. La matiere est divisible, son idée ne l'est pas ; On la conçoit seulement comme telle. La matiere est limitée, son idée est infinie. On voit actuellement qu'elle ne se peut jamais épuiser. Mais quelque difference qu'il y ait entr'elles, l'idée de la matiere nous represente tres-naïvement tout ce qui appartient à la matiere ; je veux dire que par l'étenduë ideale nous voyons tres-évidemment que la matiere est sans vuide, impénétrable, par tout la même, divisible à l'infini, & que son essence est l'étenduë. Fermez les yeux, consultez l'étenduë qui se presente à vôtre esprit ; & dites. moy si vous pouvez penser autre chose de la matiere.

Dem. Comment sçavez-vous que l'étenduë est l'essence de la matiere?

Resp. C'est que le premier attribut que son idée nous presente est l'étenduë; & qu'on voit bien qu'il ne faut que de l'étenduë pour former tous les corps qu'on peut s'imaginer.

Dem. Comment sçavez-vous qu'il n'y a point de vuide dans la matiere?

Resp. C'est que son idée me paroit, pour ainsi dire, toute d'une piece, & par tout également remplie. Je ne dois pas m'imaginer du vuide malgré ce qui est clair à mon esprit.

Dem. Comment sçavez-vous que la matiere est par tout la même?

Resp. C'est que je ne vois qu'une même idée qui me la represente. S'il y avoit deux sortes de matieres, chaque sorte auroit son idée. Il n'y a qu'une seule idée. La matiere est donc une aussi.

Dem. Mais n'ay-je pas deux sentimens tres-differens, quand je regarde le Ciel, & puis la terre?

Resp. Vos sentimens ne vous marquent pas qu'il y ait deux sortes de matieres; mais seulement que la matiere est taillée d'une façon pour faire un Ciel, & d'une autre maniere pour faire une terre.

Dem. Comment sçavez-vous qu'elle est impénétrable?

Resp. C'est que quelque changement que j'y conçoive son idée ne racourcit point. On la conçoit aussi grande & aussi petite qu'on veut; mais chaque partie conçûë retient toûjours le volume qui lui est propre; & on ne concevra jamais, par exemple, que deux pieds d'étenduë puissent n'en faire qu'un. Deux corps peuvent s'environner l'un l'autre, les parties de l'un peuvent correspondre aux parties de l'autre; mais ils ne se sçauroient pénétrer.

Dem. Si j'enfonce la main, par exemple, dans une boule de cire, ne la pénétreray-je pas?

Resp. Par l'impression de vôtre main sur la cire vous mettrez dessous des parties qui étoient dessus; mais vous ne pénétrerez rien; & vous ne toucherez la cire que selon qu'elle est figurée d'une telle ou telle manière.

Dem. Mais quand je presse entre mes mains une mie de pain, & que d'un volume assez grand j'en fais un tres-petit, n'est-ce pas rendre la matiere pénétrable ?

Resp. Par le pressement que font vos doits, vous chassez la matiere étrangere dont les intervalles que les parties du pain laissent entr'elles sont remplis, mais comme le pain a toujours toutes ses parties, il retient aussi toujours son même volume.

Dem. Comment sçavez-vous que la matiere est divisible à l'infini ?

Resp. C'est que je n'y vois point d'unité, & que je n'y conçois nulle partie, si petite qu'elle soit, qui ne se puisse diviser.

Dem. En divisant une portion de matiere, pourrois-je quand je suis parvenu à sa superficie passer outre ?

Resp. Pour éclaircir vôtre doute il ne faut que déterminer ce que vous entendez par *superficie*. Ou vous entendez, comme une premiere pellicule qui couvre chaque corps ; ou vous entendez ce qu'on appelle sa figure. Si vous entendez le premier, l'idée de l'étenduë vous répond que cette pellicule est divisible à l'infini, en quelque sens que vous la preniez. Si vous entendez le second, je vous dis que la figure n'étant que le corps même figuré de telle ou telle maniere, demander si l'on peut diviser la figure, c'est revenir à la question qui est, si la matiere est divisible à l'infini.

Dem. Comment un corps qui est une substance si limitée peut-il avoir cette propriété ?

Resp. C'est que tout fini qu'il est dans l'union de ses parties, on voit clairement qu'il n'en a aucune qui ne soit toujours divisible.

Dem. Mais de ce que l'on conçoit la matiere divisible à l'infini, s'ensuit-il qu'elle le soit veritablement ?

Resp. Jettez les yeux sur le plus petit animal que vous connoissiez, sur le ciron, par exemple, ce petit animal a six pieds, trois de chaque côté : Pour donner le mouvement à ces

A iiij

pieds il faut des ressorts ; pour faire jouer ces ressorts il faut des esprits animaux. Voilà déja des parties de matiere bien petites, voilà la divisibilité poussée bien loin. Mais que diriez-vous si l'on vous faisoit voir des insectes dix mile fois plus petits qu'un grain de sable, des animaux par raport ausquels le Ciron est un colosse, permettez-moy de le dire, mile fois plus petits que l'œil d'un pou ? Ce sont des objets que les liqueurs vous fourniront en abondance ; & si vous considerez ce que renferment ces petits corps, vous conviendrez que les parties de l'étenduë ne se peuvent épuiser.

Dem. N'est-il pas vrai cependant que ce n'est pas une demonstration, qu'il n'y ait pas enfin une partie qui termine la matiere, & aprés laquelle il n'y ait plus dequoy former aucun corps ?

Resp. Si vous hesitez encore là-dessus, consultez les Geometres, ils vous diront d'un commun accord que tous les membres sont commensurables entr'eux, parce qu'ils ont tous l'unité pour commune mesure; mais que toutes les lignes ne le sont pas entr'elles, parce qu'il n'y a point d'unité dans l'étenduë; & pour vous en convaincre ils vous feront voir que quelque mesure que vous preniez, vous ne trouverez jamais de juste raport entre la diagonale & un des côtez du quarré; & que bien que vous puissiez toujours diminuer la différence du quarré inscrit au cercle circonscrit, vous n'égalerez pourtant jamais l'un à l'autre, je veux dire, que vous ne trouverez jamais la quadrature du cercle. Ce qui ne seroit pas ainsi, s'il y avoit dans l'étenduë une unité qui pût être la mesure commune de toutes sortes de lignes, & qui ne fût pas toujours divisible.

Dem. L'idée de la matiere étant infinie, pourquoy donnez-vous des bornes à la matiere ?

Resp. C'est que la limitation convient à la creature, & que je ne voy pas de liaison nécessaire entre l'infinité de l'idée, & l'infinité de la chose.

Dem. Que nous represente donc

l'infinité de l'idée de la matiere ?

Resp. Elle nous represente une matiere qui peut être éternellement repetée, ou toujours & toujours multipliée, sans que jamais l'idée s'en épuise, mais non pas une matiere actuellement infinie. L'infinité est une propriété qui ne convient qu'à l'idée.

Dem. Comme de ce que nous concevons une étenduë infinie, il ne s'ensuit pas que la matiere soit infinie en grand, ne se pourroit-il pas faire aussi qu'elle ne le fût pas en petit, quoique nous la concevions divisible à l'infini ?

Resp. Tenons-nous à ce que nous concevons. L'étenduë idéale toute infinie qu'elle est ne nous represente point une matiere infinie ; je viens de vous le faire voir. Le Soleil sera, si vous voulez, un million de fois plus grand que la terre, il y aura, si vous voulez, des millions innombrables d'Etoiles dont chacune le surpassera en grandeur; elles seront toutes, si vous voulez, sous une voute qui laissera à vôtre imagination tous les espaces qu'elle voudra parcourir : avec tout cela vous n'aurez pas un monde d'une étenduë infinie ; & vous concevez très-bien qu'il peut n'être pas infini : mais vous ne concevrez jamais que la matiere ne soit pas toujours divisible : & sur cette terre que les Astronomes ne daignent pas regarder, vous ne trouverez pas un seul Etre qui ne renferme en soy autant de parties qu'il y en a dans l'Univers, & duquel il ne puisse sortir plusieurs mondes en petit.

Dem. Ne seroit-il pas autant de la gloire du Createur d'avoir fait un monde infini en grandeur, que la matiere infinie en petitesse ?

Resp. Plus le Createur se glorifie de son infinité, moins nous avons lieu de croire qu'il ait fait un monde infini. Il n'en est pas de même de la divisibilité de la matiere à l'infini ; elle est de l'essence de la matiere ; & on ne peut raisonnablement penser qu'il y en ait aucune partie qui puisse borner la puissance de celui qui l'a créée.

Dem. Tous les Philosophes distinguent-ils comme vous faites la matiere & l'idée qui la represente ?

Resp. Presque tous en ont si peu connu la différence, qu'on ne voit autre chose que l'une prise pour l'autre dans leurs écrits. L'un *a* prenant pour une étenduë formelle l'objet immediat de son esprit, s'est persuadé que la matiere étoit infinie ; il l'a nommée *indefinie* ; mais cet adoucissement n'a point empêché qu'il ne l'ait regardée comme n'ayant point actuellement des bornes : méprise assez excusable de sa part ; mais qui s'étant comme transmise, a donné lieu dans la suite à de faux & pernicieux raisonnemens. Un autre *b* ne voulant pas que son idée fût la même chose que la matiere, mais pourtant ne pouvant croire que son idée ne fût pas formellement étenduë, a imaginé des espaces sans matiere, un grand vuide formellement étendu, qu'il a nommé *étenduë négative* pour le distinguer de l'étenduë qu'il reconnoissoit pour la même chose que la matiere : Opinion qui se

---

a. *Descartes.*   b *Gassendi.*

détruit d'elle-même, non seulement par la contradiction des termes ; mais encore par la nature de l'esprit, qui sans être spacieux & infiniment spacieux, ne pourroit s'unir à des espaces formellement & infiniment étendus.

Dem. Ne mettriez-vous point de difference entre les espaces & la matiere ?

Resp. Comme une même étenduë idéale nous represente & la matiere & les espaces, il n'y a point aussi de difference entre la matiere & les espaces créez. Ce que nous apellons espaces vuides sont une matiere tres-réelle, mais assez fluide pour se déplacer en tous sens, & donner passage aux corps solides qui la parcourent : il n'y a rien de formellement étendu qui ne soit matiere ; & cette matiere est à elle-même son espace : son lieu n'est aussi autre chose qu'elle même, là, là & là. Consultez vous-même son idée, & voyez si je me trompe.

Dem. Le fait ne seroit-il point contraire à l'idée, si par exemple Dieu détruifoit tout ce qui eſt dans une chambre, & en conſervoit les murailles ?

Reſp. Si Dieu détruit tout ce qui eſt entre les murailles d'une chambre, il en détruira l'eſpace : Ce ſeront des murailles ſans eſpace entr'elles : vous y concevez pourtant de l'eſpace ; mais c'eſt un eſpace de la nature de ceux que vous concevez avant que le monde fût créé : c'eſt un eſpace idéal, puiſque vous ſupoſez vous-même que tout ce qui étoit entre ces murailles eſt détruit. Je ne dis pas que la matiere ſoit la même choſe que l'eſpace idéal ; mais ſeulement qu'elle ne differe en rien de l'eſpace créé. Ainſi, ôtez l'équivoque du mot d'eſpace ; & vous n'aurez plus de difficulté ſur l'eſſence de la matiere.

Dem. Mais peut-il y avoir des murailles en quarré ſans un eſpace réel.

Reſp. Si des murailles en quarré ſupoſent un eſpace, pourquoy voulez-vous que Dieu détruiſe tout ce qui eſt entre ces murailles ? Ou vous comptez pour quelque choſe l'eſpace dont vous parlez ; ou vous le comptez pour rien. Si vous le comptez pour quelque chose, Dieu l'a détruit, & il n'y en a plus selon vôtre suposition. Si vous le comptez pour rien, vous n'en avez pas besoin pour concevoir un quarré : Et quatre murailles pourront se joindre par leurs extremitez & former quatre angles droits, sans qu'il y ait rien de créé entr'elles. Mais ne poussons pas plus loin tout ceci, crainte de nous éloigner de la Physique.

CHAPITRE II.

Force des corps. Force mouvante.

Dem. PAR quelle proprieté la matiere a-t'elle reçû les formes que nous lui voyons ?

Resp. Par sa divisibilité. Pendant que vous ne considerez la matiere que selon ses attributs essentiels, vous n'y apercevez aucune forme particuliere ; mais au moment que vous concevez ce qui suit de sa divisibilité, vous la voyez revêtuë d'une infinité de diverses formes ; en la divisant ici & là d'une telle ou telle maniere vous faites toutes les figures qu'il vous plait. Or comme ces figures suposent qu'une partie soit separée d'une autre, on conçoit d'abord un mouvement local. Ainsi, connoitre que la matiere est divisible, c'est voir qu'elle est capable de mouvemens & de figures, qu'elle reçoit par son actuelle division. La figure est dans le terme de la matiere, & le terme supose le mouvement.

Dem. Ne faudroit-il que du mouvement pour former tous les corps ?

Resp. Un Statüaire fait une Statuë, il fait des bras, des jambes, une téte ; son ouvrage nait devant lui, à proportion qu'il retranche le superflu, qui joint à toutes ces parties que l'on voit ne faisoit qu'un bloc de marbre; & ce superflu n'est retranché que par le mouvement que lui donne l'Ouvrier. Il n'y a pas là grand mystere.

Dem. Mais pour former un corps organisé, le mouvement suffit-il ?

Resp. Un corps organisé, le corps de l'homme, par exemple, est composé d'une part, de chair & d'os, d'un cœur, d'un foye, de poumons, d'une rate; & de l'autre, de mille & mille différens tuyaux & canaux où circulent des humeurs: pour tirer toutes ces parties unies ensemble d'une masse de matiere, il ne faut que laisser ici une portion immobile, & remuër ce qui l'environne, en faire autant là & autant là, là & là; remuër les petites parties qui remplissent les entrelassemens de toute la masse, leur donner avec les fibres d'où elles sont separées, divers raports de distance; & enfin changer continuellement ces raports de distance, par raport à telles & telles fibres dont les parties sont toujours liées ensemble. En tout cela on ne conçoit que du mouvement, & vous n'avez pas besoin d'autre chose.

Dem. Pourroit-on sçavoir aussi quelles sortes de parties il faut remuër & quels mouvemens il leur faut imprimer, pour faire ici un os, là de la chair; ici un tuyau & des humeurs, là un nerf & un ressort ?

Resp. Bon Dieu ! Comment le découvriroit-on ? C'est un détail tout divin. Il nous sera toujours aussi caché, qu'il est clair que tous les corps sont formez par le mouvement.

Dem. D'où ce mouvement dépend-t'il ?

Resp. De la Puissance qui crée les corps. Il n'y a qu'elle qui puisse produire du changement dans son Ouvrage. Ainsi le Createur est le Moteur. C'est sa volonté qui a donné l'Etre à la matiere, c'est en sa volonté que reside la force mouvante ou la vertu motrice.

Dem. Fait-il quelque chose de plus pour mettre un corps en mouvement, que pour le mettre en repos ?

Resp. Le Createur fait tout ce qu'il fait avec une égale facilité ; mais les effets étant proportionnez à leurs causes, & y ayant plus d'effet dans le mouvement que dans le repos, il faut que la volonté productrice soit plus forte, lors qu'elle crée en mouvement, que lors qu'elle crée en repos ; & il faut qu'elle s'augmente encore selon la quantité du mouvement qu'elle produit.

Dem. Faudroit-il de même plus de cette volonté pour le repos d'un grand corps, que pour le repos d'un petit ?

Resp. La simple volonté de créer suffit pour produire tous les corps dans un repos égal : & ce qui prouve qu'il n'y a point de différence du repos d'un grand corps à celui d'un petit, c'est qu'ôtez les empêchemens des corps environnans la moindre force apliquée au plus grand corps en repos, le mettra en mouvement aussi bien que le plus petit. Si vous en voulez une experience, faites suspendre plusieurs poids par des poulies ; & après les avoir mis en équilibre poussez l'un ou l'autre du bout du doit, vous verrez alors que vous les emporterez tous, par cette raison que le repos n'ayant nulle force, la moindre qu'on leur applique suffit pour cet effet.

Dem. Pourquoy la volonté qui

fait le repos cede, cede si facilement à celle qui fait le mouvement?

Resp. La raison en est claire. Du mouvement dépend la fécondité de la nature corporelle, & le repos ne produit rien. Il faut donc que le repos cede.

Dem. Quand le mouvement d'un corps ou de plusieurs mûs ensemble a cessé, que devient la force mouvante, ou la volonté motrice?

Resp. Elle devient nulle par raport à ces corps grands; mais elle n'a pas pour cela diminüé; elle se distribuë dans de petits corps, dont la petitesse fait qu'ils échapent à nos yeux.

Dem. Où sont logez ces petits corps qu'on ne voit point?

Resp. Dans les intervalles que les parties des corps laissent entr'elles: passant continuellement à travers ils entretiennent par leur agitation tous les mouvemens de la machine du monde. On voit que ces mouvemens qui animent, pour ainsi dire, la matiere, ne se dissipent ni avec le tems, ni par la rencontre des corps qui viennent des côtez oposez, c'est ce me semble, une bonne preuve qu'il y a toujours dans le monde une égale quantité de mouvement ; & par consequent que la force mouvante ne diminuë point. C'est aussi l'opinion des plus habiles Philosophes; & on n'en peut guere accorder d'autre avec l'immutabilité du Createur. Quoiqu'il en soit, rien n'est plus constant que l'action ou l'efficace des petits corps, ou de la *matiere subtile*, que je viens de vous faire remarquer, & on ne peut attribuër qu'à elle tant de mouvemens dont la cause ne paroit point à nos yeux.

Dem. Donnez-moy, je vous prie, quelque exemple sensible de l'activité de ces petits corps.

Resp. Representez-vous le mouvement d'un boulet de canon. Tout ce que vous voyez lorsqu'il part, n'a point l'agitation qu'il reçoit dans ce moment. Il est donc poussé par des corps imperceptibles & tres-agitez. Ces petits corps se trouvent par tout & ils sont si subtils & si déliez qu'ils passent par les pores de tous les corps que nous voyons. Pendant qu'on ne met point le feu au canon, rien n'interrompt leur passage ; mais dés qu'ils viennent à environner les parties grossieres & solides du salpêtre & du souffre dont la poudre est composée, & qu'ils communiquent leur mouvement rapide & violent à ces parties (ce qui arrive lorsque la poudre s'enflâme) les pores du canon ne se trouvant plus assez larges pour donner passage à tant de matiere, il faut que le boulet soit poussé avec la derniere violence, ou que le canon éclate en plusieurs morceaux. Jugez quelle peut-être l'agitation qui produit un tel effet.

Dem. Selon quelles regles la volonté motrice meut-elle ces grands & ces petits corps ?

Resp. L'Auteur de la nature à voulu & veut encore que tout corps mû se meuvre en ligne droite, & qu'il conserve le plus qu'il est possible le mouvement direct : il a voulu qu'un corps étant poussé par deux mouvemens contraires le plus fort l'emportât sur le plus foible : Enfin il a voulu, que plusieurs corps mûs venant à se rencontrer, partageassent de telle maniere leur mouvement entr'eux, qu'ils pussent aller de compagnie, s'ils se trouvoient sur la même ligne, & sans détermination contraire. La premiere de ces regles est fondée sur la simplicité de la ligne droite : il est naturel d'aller par le chemin le plus court. La seconde & la troisieme sont fondées sur la nature même des corps lesquels étant impénétrables, c'est une nécessité que le plus foible cede au plus fort, & qu'il se fasse une distribution de mouvement, proportionnée à la masse de chacun dans le moment de la rencontre de plusieurs. Voilà l'exercice de la volonté qui donne à tous les corps le mouvement & la vie, elle a fait le monde, elle y produit tous les changemens que nous voyons, elle le soutient sur son propre poids, elle le contient dans ses propres bornes, & sans lui donner d'autre espace que celui qu'il est à lui-même.

CHAPITRE III.

Usage des loix du mouvement. Corps organisez.

Dem. Tout ce qui se fait par le mouvement, doit-il être produit selon les régles que nous venons de voir ?

Resp. Il n'en faut point d'autres, pour faire des Cieux, des Terres, de l'Air, des Mers, tous ces grands corps qui roulent, ou qui semblent rouler sur nos têtes, des pierres & des métaux.

Dem. Dieu les auroit-il suivies ces régles dans la formation du monde ?

Resp. Vous sçavez que les corps qui composent le monde n'ont pas esté formez successivement, & qu'une seule parole ou un seul acte de volonté a suffi pour les former ; mais ce monde ayant esté fait pour être conservé selon les régles qui s'observent dans la nature corporelle, il falut

falut que ces mêmes régles fussent observées alors autant que l'instant de la création le permet ; je veux dire qu'il falut que toutes choses fussent faites alors, comme elles se seroient faites avec le tems en conséquence des loix du mouvement qui nous sont connuës. On conçoit sans difficulté que Dieu ne devoit pas faire une terre quarrée, ni un Soleil triangulaire ; puisque selon les loix du mouvement, qui conservent ces grands corps, ils doivent l'un & l'autre continuellement s'arrondir.

Dem. Pensez-vous que dés le commencement du monde le corps de la Terre ait esté formé tel que nous le voyons, taillé en rochers escarpez, en précipices, en haut & bas comme une masure ?

Resp. Aparamment Dieu fit la Terre telle qu'elle se seroit formée par les loix du mouvement, selon lesquelles elle peut se former réguliere. Dieu qui prévoit toutes les suites de toutes les régles qu'il peut se prescrire pour agir, fit la Terre telle qu'elle devoit être pour l'homme innocent ; mais prévoyant aussi le désordre où cet homme devoit tomber ; il établit des loix, selon lesquelles elle devoit après un certain tems être bouleversée, inondée, submergée ; & cela pour punir des prévaricateurs qui avoient oublié leur origine & leur destination. Voilà pourquoi nous habitons des ruines : ce sont les restes d'une terre écroulée, & que les eaux ont encore achevé de déranger ; mais c'est encore une demeure trop bonne pour des pécheurs.

Dem. Fut-ce une même impression de mouvement qui forma le Ciel & la Terre, & les corps organisez ?

Resp. Dieu n'employa que du mouvement pour former tous les corps ; & la même impression en achevant les uns ébaucha du moins les autres. Mais remarquez bien cecy. Les animaux ont des yeux destinez à voir, des oreilles destinées à entendre, des piez pour courir, des nageoires pour nager, des aisles pour voler ; chacun a son cœur pour fournir du sang à tout le corps : chacun a son cerveau pour recevoir les impressions, d'où dépend sa conservation. Pour l'usage de toutes ces parties il faut une infinité de justes liaisons, de tuyaux parfaits, de ressorts exacts ; les loix du mouvement que nous avons vûës, sont trop simples pour produire des ouvrages si composez : le choc d'où elles dépendent y met trop d'inégalité, elles ne formeront jamais des ouvrages si réguliers : il faut quelque chose de plus que ces loix pour la formation des animaux.

Dem. Si ces loix sont assez bonnes pour former les Cieux où nous voyons tant de magnificence, tant d'ordre & de régularité, ne pourront elles pas bien former le corps d'un homme ou d'un cheval ?

Resp. Il est vrai que la grandeur & la majesté du Créateur éclatent merveilleusement dans la construction du monde : mais aprés tout il y a plus de choses à faire dans le plus petit animal, que dans toute cette vaste machine. Pour faire un Soleil il ne faut que séparer les parties les plus déliées de la matiere d'avec celles qui le sont moins ; pour faire une terre

& des planetes il ne faut qu'attacher des parties les unes aux autres, les coler & les fixer comme elles se trouvent ; pour suspendre & faire tourner ces gros corps, il ne faut que les laisser dans un amas d'autres parties détachées les unes des autres, ce sera un fluide où ils vogueront à leur aise ; je vous le feray voir bien-tôt. Mais pour faire cet animal qui fait une toile, pour faire cet autre qui file de la soye, & celui-ci qui au fond du sable se va tapisser un logement, il faut ajuster des parties qui ayent entr'elles une infinité de justes raports. Afin que tel ou tel animal sçût se loger dans un lieu sûr ; afin qu'il sçût se placer à portée de sa nourriture, ou ne sortir que dans le tems que la Terre la lui prépare ; afin qu'il sçût se faire suivre par ses semblables, & exercer la Royauté : il a falu compasser tant de tuyaux, ou préparer tant de differens passages aux plus subtiles parties du sang qui donnent le mouvement à l'animal ; qu'il n'y a point d'intelligence bornée que ce détail ne surpasse. Le Créateur a fait voir assez sa puissance & sa fécondité en tirant de la simplicité des loix du mouvement & la Terre & les Cieux, il n'est pas nécessaire d'étendre l'efficace de ces loix sur la construction des corps organisez.

Dem. S'il est vrai d'une part que la Terre soit couverte d'animaux ; & que de l'autre ces animaux ne soient point faits par les loix du mouvement, selon lesquelles Dieu agit sur les corps ; d'où seront ils venus, se seront-ils formez eux - mêmes ?

Resp. Que leur origine ne vous inquiete pas. Ils ont tous esté formez avec le Ciel & la Terre. Les premiers qui parurent renfermerent en petit tous ceux qui devoient paroitre dans la suite de tous les siécles. Il ne fut pas plus difficile de les former tous, que de n'en former que deux de chaque espece. Il falut que dans la premiere impression donnée à la matiere il y eût quelque chose de plus par raport aux corps organisez, que par raport aux autres ; mais le p'us y auroit toujours esté, quand même le Créateur n'eût formé qu'un animal.

B iij

Dem. Tant d'animaux peuvent-ils être renfermez dans un seul ?

Resp. Cela paroit tres-possible, quand on a reconnu que la matiere est divisible à l'infini : par cette divisibilité il n'y a point de si petite partie dont le Createur ne puisse faire la machine la plus composée. Une femelle renfermera mile animaux de son espece ; chaque femelle de ceux-ci en renfermera mile autres, & toujours ainsi mile par femelle. L'imagination s'y perd, mais c'est une preuve de son peu d'étenduë, & de l'infinité de la puissance qu'elle veut comprendre.

Dem. De quel usage sont donc les loix ordinaires du mouvement pour la formation des animaux ?

Resp. Elles servent à conduire chacun d'eux à son état de perfection ; elles ne leur donnent pas l'être, mais elles leur conservent la vie ; elles n'en composent pas les liaisons, les canaux & les ressorts, mais elles les dévelopent, & mettent chaque partie en état de faire ses fonctions. Par ces loix une infinité de petits œufs que des mouches ont laissé sur un morceau de chair se rompent, & de chacun d'eux sort un petit ver qui s'est grossi par le suc qu'il a trouvé, & qui s'est rendu visible. Laissez ce ver tirer du suc, vous verrez bien-tôt paroître au jour un animal avec des aîles déploiées & d'une tissure merveilleuse, avec une cuirasse magnifique, avec une trompe menaçante & une superbe aigrette ; vous verrez sur tout ce petit corps tant d'art & de variété, qu'on en peut dire ce qui est écrit des lys, que Salomon dans ses habits les plus riches n'en aprocha jamais. Quelle ignorance de s'être imaginé si long tems, que des ouvrages qui passent infiniment toute l'industrie des hommes étoient des ouvrages que la pourriture produisoit ! Qui ne pourroit pas dire avec plus de raison, qu'il ne faut que laisser rouiller du fer pour en voir naître des pendules ?

Dem. Tous les animaux ayant esté formez de la manière que vous le dites, d'où vient que nous en voyons tant d'imparfaits & de difformes ?

Resp. C'est que par les loix du mouvement qui les doivent faire croître, la matiere ne coule pas assez juste dans les moules où elle doit couler ; elle s'arrête & se fige où il ne faut pas qu'elle s'arrête : ce qui vous fait assez voir que ces loix seroient plus propres à détruire qu'à construire de tels corps. Il est vrai que l'animal qui est en germe n'a pas entre ses parties la même proportion de grandeur, de solidité & de figure, que lors qu'il marche ou qu'il vole ; mais quelque disproportion qu'elles ayent, toutes ses parties organiques sont tellement ordonnées & si sagement proportionnées aux moyens par lesquels il doit se fortifier, qu'à moins que ces moyens eux-mêmes n'y mettent obstacle tout doit éclorre heureusement.

Dem. Parmi les corps organisez ne comprenez-vous pas les plantes ?

Resp. Il y a la même raison pour les plantes que pour les animaux. Il faut que la Terre & l'Eau qui font pousser les épis, croître les arbres, sortir les fruits, trouvent des moules tout faits ; & ces moules sont nécessairement la substance même de l'arbre & du fruit dans le pepin, & de l'épi dans le grain de bled. Chaque partie d'une plante est ordonnée à sa fin particuliere, comme chaque partie de l'animal, chacune dans l'un & dans l'autre genre a les raisons de sa situation : Examinez, par exemple, celles des nœuds & de la barbe d'un épi. Les plantes & les animaux sont donc non seulement les plus excellens ouvrages qui puissent sortir de la matiere ; mais encore des ouvrages aussi anciens que le monde. Poussez encore ici la divisibilité de la matiere ; un pommier, avec toutes ses feuilles & toutes ses pommes dans un pepin, chaque pomme avec dix pepins, chaque pepin avec son pommier & ses pommes, qui sont au nombre de dix mile, dont chacune fournit de nouveaux pepins, &c. C'est un abîme qu'on ne peut regarder fixement ; & il faut avouer, que soit que l'on considére la méchanique des corps vivans, soit qu'on en-

B v

visage leurs espéces diverses dans les degrez de grandeur ou de petitesse qu'il a plû au Créateur de leur donner, soit qu'on s'arrête à leur formation & au dévelopement qui s'en fait à nos yeux, on voit par tout éclater sur eux une puissance qui étonne & une sagesse qui ravit.

CHAPITRE IV.

Principe de la différence des corps. Absurdité des formes substantielles.

Dem. COMMENT les corps different-ils les uns des autres ?

Resp. Ils different au dehors par leur figure ronde, quarrée, triangulaire, ou autre; & intérieurement par la tissure & les configurations de leurs parties imperceptibles.

Dem. Cette différence de configurations peut-elle rendre des corps essentiellement differens ?

Resp. Les corps ayant tous pour sujet commun l'étenduë, ils ne different point les uns des autres dans leur essence.

Dem. N'y a-t-il pas une différence essentielle, par exemple, entre l'eau & le feu ?

Resp. Il y a une différence essentielle dans les sentimens que vous avez à la présence de ces corps ; & je vous en ferai remarquer encore les raisons ; mais entr'eux il n'y en a point, si ce n'est en ce sens qu'il est essentiel à la matiere d'avoir telle configuration, tel arrangement & telle disposition de parties, pour être ou de l'eau ou du feu.

Dem. Ne seroit-il point aussi à propos d'admettre en chaque corps quelque petit être propre à en constituër la nature particuliere, que d'y supposer des configurations & des arrangemens de parties qu'on ne voit point ?

Resp. Si vous ne voyez pas ces arrangemens & ces configurations ; du moins vous les concevez clairement ; & quand on se tromperoit touchant telle ou telle configuration : du moins on ne se tromperoit pas en jugeant que chaque corps a ſes parties configurées en la maniere qui lui convient pour produire tel ou tel effet ; mais de vos petits êtres on n'en eut jamais d'idée diſtincte. Cependant on en a fait des réalitez ; & on leur a donné le nom fameux de formes ſubſtantielles.

Dem. Que trouvez-vous de confus à dire, par exemple, qu'il y a dans le feu une telle forme qui en produit tous les effets ?

Reſp. Pour découvrir le ſens de ce langage, parcourons les principaux effets du feu : il ſépare les parties du bois qu'il brûle : il agite l'eau qu'il fait bouillir : il rend fluides les métaux en les fondant : il fait ſortir l'eau de la bouë en la ſéchant : il pouſſe des boulets de canon, & par eux il renverſe des murailles. Si en tout cela vous ne concevez rien autre choſe que du mouvement ; & ſi ce mouvement ne peut être dans ſon origine que l'agitation des petits corps qui compoſent ce qu'on apelle *du feu*, vôtre forme ſubſtantielle vous eſt inutile, ou elle ne peut ſervir qu'à brouiller les notions de vôtre esprit.

Dem. Mais quand un corps se change en un autre corps, ne voit-on pas qu'il y a génération de forme nouvelle ?

Resp. Si nous en jugeons par nos sens, nous pouvons dire que nous voyons naître & périr bien des formes. Mais, par exemple, le bled, la farine, la pâte & le pain, nous présentent quatre formes différentes ; cependant pour avoir de la farine il ne faut que moudre du bled ; & pour avoir du pain il ne faut que faire cuire de la pâte. Du pain n'est donc que de la pâte cuite, comme de la farine n'est que du bled moulu. S'il y a là génération de forme, expliquez-vous.

Dem. N'intervient-il pas une forme au changement du bled en farine, & de la pâte en pain ?

Resp. Si cette forme est quelque chose qui ne soit ni farine ni pain, elle viendra toujours, si elle n'y prend garde, ou trop tôt, ou trop tard. Si elle vient avant que la pâte soit cuite, il est trop tôt, il ne peut pas encore y avoir du pain : si elle vient après la cuisson, il est trop tard, le pain est fait ; & je le défie de trouver un instant entre le dernier dégré de cuisson & le pain. Aussi pouvons nous bien nous passer d'elle ; pour cela il ne faut que considérer que lors que ce bois qu'on jette dans la cheminée se change en feu, il ne lui arrive que beaucoup de mouvement dans ses parties, qui par l'agitation qu'elles reçoivent, s'évaporent d'une part ; & de l'autre se reduisent en cendres & en fumée. Le mouvement & les différentes configurations des parties des corps sont donc ce qui en fait la vertu & la forme : c'est aussi ce qui met entr'eux une si grande varieté, qu'il n'y en a pas deux au monde qui se ressemblent parfaitement. Il est aisé de concevoir que le mouvement & les figures reçoivent des différences infinies.

Dem. Mais les corps de même espéce ne se ressemblent-ils pas ?

Resp. Ils se ressemblent à vos sens ; mais en eux-mêmes ils ne sont pas semblables. Deux goutes d'eau se ront de même figure & de même grosseur ; mais elles ne seront pas également transparentes, les parties de l'une seront plus agitées que celles de l'autre, elles s'aprocheront moins, elles seront plus ou moins longues. Ainsi quand pour faire une expérience ou un reméde, on vous dit, par exemple, *prenez du vin*, comptez qu'on ne vous dit rien de distinct, puisque le mot de *vin* signifie autant de liqueurs differentes, qu'il y a de differens terroirs, de differentes dispositions du tems, & de differentes manieres de faire ou de garder cette boisson. Ce ne sont point, croyez-moi, des formes substantielles qui font cette varieté, ce sont les diverses configurations & l'agitation des parties insensibles qui composent chaque corps.

Dem. Se peut-on passer de formes substantielles pour les corps organisez comme pour les autres ?

Résp. Vous devez sçavoir, que les corps organisez ne doivent leurs mouvemens qu'à leur propre construction, & que leur forme consiste dans les raports que leurs parties ont les unes aux autres. Qu'il n'y ait point de forme substantielle dans le corps d'un Chien, cet animal ne laissera pas d'avoir tous les mouvemens qui lui conviennent, si tous ses membres ont les liaisons & les ressorts que demande la méchanique; & sans ces ressorts & ces liaisons, il porteroit en lui toutes les formes substantielles que l'imagination peut forger, qu'il n'en recevroit aucun mouvement.

Dem. Comment concevez-vous, par exemple, que le cri ou les plaintes d'un Chien sont un effet de pure méchanique?

Resp. C'est que pour cet effet il ne faut que de l'air reçû dans les poûmons, repoussé par le mouvement du Diaphragme & diversement modifié suivant les divers mouvemens du Larynx, qui est l'entrée du canal de la respiration. Peut-être voudra-t-on bien convenir que la forme substantielle d'un Chien ne connoît ni ces parties ni leur usage, & qu'ainsi ce n'est pas elle qui les fait jouër. Nous ne tombons dans l'erreur touchant la nature des animaux, que parce que nous leur attribuons ce que nous éprouvons en nous-mêmes; mais si nous jugeons de leurs formes substantielles par le sentiment intérieur que nous en avons sur celles qu'on nous attribuë, nous les regarderons comme des directrices sans direction, & des puissances sans efficace.

Dem. Sentirions-nous que nos ames ne font rien dans nos corps ?

Resp. Nous éprouvons qu'elles ont des sentimens par raport à nos corps ; mais si nous y voulons prendre garde, nous éprouvons aussi qu'elles n'en produisent point les mouvemens, puisque nous sçavons qu'elles ne sçavent pas ce qu'il faut faire pour les produire.

Dem. Cependant ne puis-je pas me donner les mouvemens que je veux ?

Resp. Vous vous les donnez, j'y consens ; mais si quelque ressort de vôtre bras étoit rompu, vous auriez beau le vouloir remuer, vous ne le remueriez pas.

Dem. Cette impuissance ne vient-elle pas de ce que le ressort est rompu?

Resp. Ouy sans doute. Mais vous sçavez aussi, que lors que ce bras a tous ses ressorts il peut fort bien se mouvoir sans que vous vous en mêliez. Si par exemple, on lui applique lors que vous n'y pensez pas, la pointe d'une épine, il se retire parfaitement sans attendre vôtre volonté; & cela parce qu'il a dans sa propre construction tout ce qu'il faut pour se retirer. D'où vous devez conclurre que vôtre ame *veut, pense & sent*; & que vôtre corps se remuë par le seul assemblage de ses parties, & que si ses mouvemens suivent ordinairement vos volontez, c'est que selon la loy de l'union de l'ame & du corps les esprits animaux se distribuent selon les volontez de l'ame; & que par eux le corps se meut selon les loix de la méchanique.

Dem. Ne dirons-nous donc plus que nos ames sont des formes substantielles?

Resp. Donnez-leur tel nom qu'il

vous plaira, pourvû que vous ne les confondiez pas avec les corps, & que vous croïiez ce que vous voiez, que le corps a sa forme & le jeu de sa méchanique indépendamment de l'ame. Or comme il n'est point nécessaire que les bêtes ayent ni pensées, ni sentimens, ni volontez, il n'y a aussi en elles que le corps avec sa méchanique que vous apellerez encore, si vous voulez, leur forme substantielle.

Dem. Mais ne voyons-nous pas dans les bêtes des mouvemens pareils à ceux que nos volontez précédent toujours en nous ?

Resp. Nous n'en voyons aucun qui ne se puisse faire sans volonté, & à la présence de tels ou tels objets dont l'impression débande un ressort, agite les esprits animaux, & par eux remuë une suite de ressorts & d'organes. Un homme, par exemple, aprend à danser en voulant que ses esprits animaux coulent dans tous les nerfs d'où dépendent les mouvemens des bras, du corps & des piez, qui font un bon danseur ; & un Chien aprend la danse, parce qu'on lui présente un bâton ou un morceau de pain qui fixe ou fait courir ses esprits animaux ; d'où s'ensuivent les habitudes qui font le mérite de ceux qui aiment à danser. Cette danseuse danse quand il lui plaît, & souvent elle danse seule & sans témoins. La raison en est claire. Ses esprits animaux en conséquence de ses volontez coulent par les chemins batus. Mais son Chien ne danse point quand il n'a point de commandant ; & peut-être ne danseroit-il jamais si on ne lui présentoit des objets qui réveillent des traces & qui déterminent les esprits animaux. La raison en est claire ; c'est qu'il n'a point de volonté pour les déterminer. Jugez maintenant de la solidité des formes substantielles qu'on attribuë aux animaux.

Dem. D'où vient donc que tant de grands hommes en ont fait l'ame de leur Philosophie ?

Resp. C'est que vos grands hommes n'ont pas voulu se donner la peine de consulter l'idée de la matiere, ni de méditer sur les proprietez de l'ame & du corps. Voulant être grands hommes à peu de frais & sans travail, les formes substantielles leur ont esté commodes, & si commodes, qu'ils se sont fait une loy de les admettre par tout sans les examiner. *Qualitez occultes, vertus attractrice, concoctrice & retentrice*, cheres filles des vénérables formes n'ont pas esté reçûës moins favorablement ; & avec cet attirail on a trouvé moyen de faire respecter l'ignorance. Mais malheureusement aujourd'hui le mystére est dévoilé, tout l'édifice tombe en ruïne.

CHAPITRE V.

Réponse à ceux qui osent mêler la Foy dans les matieres de Physique.

Dem. NE prétend-on pas que l'idée que vous avez de la matiere ne s'accorde pas avec la Foy ?

Resp. On a toujours pris assez volontiers le prétexte de la Foy pour

pour combatre ce qui s'oppose au préjugé ; Mais ici où est mal adressé, le préjugé est poussé à bout.

Dem. Si l'étenduë est l'essence de la matiere, comment se peut-il faire que le corps de Jesus-Christ soit réellement dans l'Eucharistie & ne soit pas étendu ?

Resp. Dequoi vous avisez-vous d'opposer un mystére qui nous doit être obscur & impénétrable à un principe de Physique qui nous doit être clairement connu ? Mais qui vous a dit que le corps de Jesus-Christ n'a point d'étenduë dans l'Eucharistie ? Il n'y est pas selon l'étenduë qu'il avoit sur la Croix ; mais peut-être y est-il selon celle qu'il eut au moment de son Incarnation. La matiere étant divisible à l'infini, Jesus-Christ peut bien se faire un corps parfait d'une aussi petite portion de matiere qu'il lui plaît. Vous conviendrez peut-être que bien que l'étenduë soit l'essence de la matiere, telle ou telle étenduë n'est pas essentielle à tel corps ; & que Jesus-Christ non seulement n'étoit pas moins homme parfait dans le sein de Marie, que lors qu'il prêcha sur la montagne ; mais encore qu'il étoit dans tous les tems le même homme-Dieu ayant le même corps dans l'enfance que dans la maturité de l'âge.

Dem. Cela supposé ; Comment expliquez-vous le changement du pain au corps de Jesus-Christ ?

Resp. Durand n'y auroit-il pas esté embarrassé. Il vous auroit dit tout net, que le pain devient le corps de Jesus-Christ ; parce que l'ame & la divinité de Jesus-Christ s'unissent au pain tel qu'elles le trouvent; pour moi je ne puis pas vous dire la maniere dont il plait à Dieu de faire ce changement. Dieu a une infinité de manieres que nulle intelligence ne peut prévoir. Mais s'il est permis de dire ce qui est possible, peut-être que l'étenduë étant le sujet commun de tous les corps, Dieu donne aux parties du pain des configurations d'où resulte un corps organisé, & reproduit ainsi le corps de Jesus-Christ, ou Jesus-Christ lui-même par l'union du Verbe &

de son ame à ce corps reproduit.

Dem. Mais ce corps étant fait de pain, peut-il être le même corps que celui qui est au Ciel formé du sang de la Vierge.

Resp. Le sujet particulier dont est formé le corps ne fait rien. Si vous aviez esté nourri d'autres alimens que vous n'avez esté jusqu'à ce jour, vous n'en seriez pas moins le même homme ; de même de quelque portion de matiere que soit formé le corps de Jesus-Christ, c'est toujours le même homme-Dieu.

Dem. Mais deux Hosties n'étant pas une même Hostie avant la consecration, ne seront-elles pas toujours après la consecration deux differens corps, quoique parfaitement semblables ?

Resp. Il est vrai, que bien que deux corps ayent une même grandeur, une même figure, & les mêmes configurations de parties, ils ne sont pas pour cela un même corps. Mais prenez garde. Il ne s'agit pas ici de deux corps créez semblables, il s'agit d'un corps qui est changé en un autre,

tre, du pain changé au Corps de Jesus-Chrift. Or je dis qu'en general l'Effence du Corps de Jesus-Chrift étant la même que celle du pain, il fuffit pour le changement de l'un en l'autre, que les parties du pain reçoivent les configurations des parties du Corps de Jesus-Chrift; & qu'afin que mile Hofties confacrées ne foient qu'un même Corps, il fuffit que la même volonté productrice agiffe fur toutes dans la confecration. Il eft évident, ce me femble, que la même volonté repetée mile fois, produit mile fois le même effet. Mais comme en regardant à travers un verre à facettes, vous ne pouvez vous empêcher de juger qu'un feul objet eft triple, quadruple ou décuple: de même l'imagination ne nous permet pas de juger qu'il n'y a là & là qu'un même corps, lorfqu'il vous y en paroit plufieurs. Il eft donc certain que le Corps de Jesus-Chrift que je vois ici, & le Corps de Jesus-Chrift que je vois là, font le même Corps, par cette raifon que c'eft la même volonté qui agit fur deux Hof-

C

ties differentes, & qui le reproduit en tout tems & en tous lieux. On ne concevra jamais un même corps reproduit par une autre voye que par une même volonté.

Dem. Ne seroit-il point mieux de dire, que dans l'Eucharistie le pain est détruit & aneanti pour faire place au Corps de Jesus-Christ?

Resp. Pourvû que vous ne vous écartiez point de la foy de la transsubstantiation, vous pouvez dire ce qu'il vous plaira; mais attendu que destruction & changement font naître des idées fort differentes, je ne m'aviserois pas d'imaginer une destruction, quand on me parle de *conversion* ou de changement d'une substance dans une autre. Quand Jesus-Christ changea l'eau en vin aux nôces de Cana, il n'y a nulle aparence qu'il aneantît l'eau; & je croiray toujours plus volontiers qu'il donna aux parties de l'eau les configurations qui sont essentielles à la matiere pour être du vin. Dieu n'aneantit point les substances, il n'y a nulle aparence qu'il aneantisse jamais un seul grain de matiere.

Dem. Comment se peut-il faire que nous ayons la perception du pain à la presence d'un corps qui n'en a plus la forme.

Resp. Cela se peut par la toute-puissance de celui qui l'a changé. Il n'a pas besoin de la forme du pain pour agir sur vos sens, de la maniere qu'il y agit à l'occasion du pain : il peut sans sa creature produire tout ce qu'il produit par elle. En changeant les configurations des parties du pain, il produit un autre corps : en agissant sur vos sens selon la forme du pain, il conserve parfaitement l'espece ou les aparences du pain qu'il a changé.

Dem. Pourquoy suposer ce nouveau miracle si l'on peut bien s'en passer ?

Resp. Tout n'est-il pas miraculeux dans ce mystere ? Et ne trouvez-vous point de miracle à tenir une forme suspenduë en l'air & détachée de sa substance. Où sera demeurée la forme du Corps de Jesus-Christ, s'il se couvre de celle du pain ? il faut ici le dépouiller de sa forme ou la en donner deux. La différence de vôtre miracle à celuy que je supose, est que ce que je dis s'accorde avec la toute-puissance de Dieu, & que dans ce que vous suposez il y a des contradictions manifestes. Voyez si vous donneriez prise sur ce mystere aux ennemis de la verité. Vous faites un corps sans étenduë, & vous voulez que ce corps soit le même que celui qui avoit de l'étenduë sur la Terre, & qui en a dans les Cieux. Vous aneantissez une substance, & en l'aneantissant vous conservez ce qui n'est que la substance même d'une telle ou telle maniere. Nos principes donnent moins d'embarras ; & tout simples qu'ils sont, on peut par eux, si je ne me trompe, imposer silence aux esprits qui cherchent à chicaner sur ce qui les passe infiniment.

Dem. Comme il est question du Corps de Jesus-Christ. Ne pourroit-on point dire que l'essence des corps ordinaires n'a point ici lieu ; que peut-être ce divin Corps a son essence particuliere ?

Resp. Le Corps de Jesus-Christ est un veritable Corps tiré de la masse commune de tous les corps : il a esté formé du Corps de la Vierge qui fut formé de celui d'Anne, &c. Mais qu'il ait son essence à part que nous ne connoissions pas, c'est, ce me semble, une raison pour nous taire sur cette matiere. Assurément ce seroit le bon parti ; & si j'en parle, c'est que vous m'y avez engagé. On veut que les Philosophes accordent avec la foy un principe qui est de l'ordre naturel ; & aprés les avoir embarquez comme malgré eux, on leur dit pour s'oposer à l'accord qu'ils veulent faire, que l'ordre surnaturel a d'autres principes qui ne nous sont pas connus. Voilà une étrange bizarrerie, & qui fait bien voir que c'est le chagrin plutôt que l'amour de la verité qui fait mettre la foy en jeu. Je vous declare que je compte pour rien par raport à l'Eucharistie l'explication que je viens de vous faire de mes sentimens, qu'il se peut faire que les choses soient tout autrement que je ne vous les ay dites ; & qu'il ne m'arrivera jamais de Philosopher sur un mystere si élevé au dessus de nos idées, à moins qu'on ne m'en fasse une nécessité par la calomnie & les insultes. Peut-être alors est-on en droit de montrer aux esprits contencieux ou plutôt à ceux qu'ils seroient capables de prevenir, que les principes fondez en raison n'ont rien que de favorable à la foy. Aprenons presentement nôtre Physique ; & voyons si nous pourrons concevoir la formation d'un monde pareil à celui que nous habitons.

CHAPITRE VI.

La formation du monde. Tourbillons.

Dem. COMMENT m'y prendray-je pour concevoir la formation d'un monde ?

Resp. Si vous suivez pas à pas l'idée de l'étenduë, vous concevrez d'abord qu'une partie peut être separée d'une autre, d'où s'enfuit le mouvement local. Le mouvement en ligne droite se presentera le premier, & ensuite le mouvement circulaire, d'où s'ensuivra la formation de tous les corps qui ne sont pas organisez.

Dem. Lequel y contribuë le plus du mouvement en ligne droite, ou du mouvement circulaire?

Resp. Ils y contribüent également. Voici comment. Si une partie d'étenduë qui se meut en ligne droite rencontre en son chemin une autre partie d'étenduë, on conçoit que celle-ci recevra un mouvement circulaire pour prendre la place de l'autre; & qu'ainsi suposé qu'une infinité de semblables parties de cette étenduë immense que nous considerons reçoivent du mouvement, il sera nécessaire que tous ces corps s'empêchant les uns les autres conspirent tous par la communication mutuelle de tous leurs mouvemens particuliers à se mouvoir par un mouvement circulaire. Ce qui ne peut manquer de produire des tourbillons.

Dem. Qu'appellez-vous un tourbillon ?

Resp. J'appelle ainsi un amas de matiere, dont les parties sont détachées les unes des autres, & se meuvent en un même sens.

Dem. Selon vôtre idée doit-il y avoir beaucoup de ces tourbillons ?

Resp. Les corps ne se mouvant circulairement, que parce qu'ils trouvent des oppositions continuelles dans leur mouvement, le nombre des tourbillons sera d'autant plus grand, que les mouvemens en ligne droite de toutes les parties de l'étenduë ayant esté plus contraires les uns aux autres, elles auront eu plus de difficulté à conspirer en un même mouvement.

Dem. Ces tourbillons seront-ils de même grosseur ?

Resp. Chacun d'eux sera gros selon la quantité des parties qui auront conspiré au même mouvement.

Dem. Comment s'arrangeront les parties dont chaque tourbillon sera composé ?

Resp. Comme elles tendent toutes à se mouvoir en ligne droite, les plus petites seront repoussées vers le centre par les plus grandes qui s'étendront vers la circonference, où les lignes qu'elles décrivent aprochent plus de la droite.

Dem. Quelles sont les figures de ces parties?

Resp. Chacune d'elles rompant ses angles, & s'arrondissant dans l'opposition qu'elle trouve à son mouvement, on peut bien assurer qu'il n'y en a aucune qui ne devienne une petite boule; mais il n'est pas possible de déterminer toutes les figures particulieres des nouvelles parties engendrées par le froissement d'où sont formées les boules. Ces parties ont une infinité de differentes figures. Posez seulement pour principe qu'elles sont le premier élement, & que les boules sont le second, puisque ce sont les corps les plus simples, & pour ainsi dire, la matiere primitive. Vous verrez bientôt un troisieme élement qui a son origine dans le premier, comme le premier doit sa naissance au second.

Dem. Que deviendront donc les quatre fameux élemens ; la Terre, l'Eau, l'Air & le Feu ?

Resp. Ils cesseront d'être des élemens, & seront, s'il leur plait, des corps mixtes, puisqu'ils sont aussi composez qu'aucun autre. Comptez pour rien ce qu'on vous a toujours dit, & ne vous attachez qu'à ce que vous concevez clairement.

Dem. Quels sont les mouvemens particuliers du premier & du second élement dans le tourbillon ?

Resp. Les parties du second élement étant les plus solides, elles repoussent en arriere le premier élement, & par l'effort qu'elles font les unes sur les autres pour avancer, chacune d'elles tourne sur son centre. C'est ainsi que les parties du premier élement occupent le centre, & qu'au dessus s'étendent comme par diverses couches les parties du second, chacune avançant plus ou moins vers la circonference à proportion de sa grosseur & de sa solidité.

Dem. Le premier élement demeure-t'il tout dans le centre ?

Resp. Pendant que les boules l'y repoussent continuellement, un nombre infini de ses parties en échapent par les intervalles que les boules laissent entr'elles. Ainsi, les unes & les autres se trouvent par tout mêlées ensemble.

Dem. Quel raport trouvez-vous entre un tourbillon de cette sorte, & un monde tel que le nôtre ?

Resp. La matiere fluide qui est au centre d'un tourbillon doit former un Soleil ; & les boules qui tendent continuellement à s'éloigner du centre formeront un nombre innombrable de raïons de lumiere. Car on ne concevra jamais que le Soleil soit autre chose qu'un amas de matiere extrememement agitée qui pousse vers nous celle qui est à l'entour. Le Soleil & ses raïons font comme vous sçavez, la plus belle partie de nôtre monde.

Dem. Mais si toute la matiere fluide qui est au centre du tourbillon venoit à s'échaper par les intervalles des boules, que deviendroit le Soleil ?

Resp. Ne vous imaginez pas que

le centre se puisse vuider. Si la matiere sort continuellement par son équateur, il se remplit à proportion d'une nouvelle matiere qui entre continuellement par ses poles. Par *équateur* j'entens la plus grande ligne que l'on conçoive sur la surface du tourbillon.

Dem. Ne peut-il pas du moins arriver qu'il n'entre pas autant de matiere qu'il en sort ?

Resp. Cela se peut ; & en ce cas le Soleil se brouilleroit, les parties qui seroient obligées de s'arrêter au centre par la possession du second élement, s'attacheroient les unes aux autres, & formeroient ainsi des tâches ou s'épaississoient en croute, d'où resulteroit une matiere solide, à laquelle on a donné le nom de *troisieme élement*. On conçoit aisément que d'une matiere de cette sorte se peuvent tirer les corps mixtes, puisque c'est la matiere même du premier élement épaissie, & en repos selon les figures innombrables de ses parties. Ainsi, pour un Soleil vous auriez une Terre ?

Dem. Mais le tourbillon alors pourroit-il lui même ne pas changer ?

Resp. Si ayant perdu son Soleil il se trouve environné de plusieurs autres tourbillons, il n'aura plus assez de mouvement pour se deffendre contre l'effort qu'ils font sur lui, il se dissipera de part & d'autre ; & la nouvelle Terre se placera où elle trouvera un volume de matiere qui lui fasse équilibre.

Dem. Comment concevez-vous cet équilibre ?

Resp. Puisque les petites parties de matiere qui composent un tourbillon, s'éloignent du centre à proportion de leur grosseur & de leur solidité, il s'ensuit que dans ce tourbillon il y a comme differentes envelopes de matiere extremement fluide, & que chacune de ces envelopes a plus ou moins de force qu'une autre. Si donc la planete est fort pesante, elle demeurera dans l'envelope qui a le plus de force ; & si elle est legere, elle s'arrêtera dans l'envelope dont la pesanteur est moindre. Il arrivera dans un tourbillon à peu prés la méme chose que dans un verre où l'on a jetté de l'eau & de l'huile. Car comme l'huile surnage à cause qu'elle est moins pesante que l'eau ; de même de deux corps qu'on jette dans ce verre, & dont l'un n'est pas plus pesant que l'huile, & l'autre est aussi pesant que l'eau, l'un nage dans l'huile, & l'autre nage dans l'eau. Voilà l'image de l'équilibre que vous demandez.

Dem. D'où vient qu'une infinité de corps moins pesans que celui dont vous parlez, ne trouvent point cet équilibre, & tombent avec violence de haut en bas ?

Resp. Ce que vous appellez pesanteur n'est qu'une moindre legereté, & des corps ne tombent que parce qu'ils ont moins de force pour continuer leur mouvement en ligne droite que ceux qui ne tombent pas. Or la raison pour laquelle les corps solides ont moins de force vers le centre, & en ont beaucoup vers la circonference, est que vers le centre ils n'ont que leur propre mouvement contre celui de toute la matière environnante, & que vers la circonference ils font emportez par la matiere fluide qui ne s'étend point au delà : ce qui fait que par leur solidité même ils demeurent éloignez du centre. Ainsi, ne soyez pas surpris d'entendre, que si l'on pouvoit jetter un boulet de canon assez haut, il ne retomberoit pas.

Dem. Pourriez-vous maintenant faire l'aplication de ce que vous avez dit à tout ce que nous voyons ?

Resp. En suposant que l'Auteur de la nature eût laissé ce monde se former peu à peu selon les loix du mouvement qu'il a établies, il est certain que le tourbillon dans lequel nous vivons en auroit englouti du moins six, dont quatre en avoient englouti d'autres. Les Planetes que nous appellons Mercure & Venus, Mars, Jupiter & Saturne auroient esté englouties, nôtre Terre elle-même l'auroit esté. Car une Terre & une Planete sont une même chose : Elles auroient esté dans leur origine des Soleils qui se seroient condensez, & dont les tourbillons dissipez les auroient laissées voguer dans un tourbillon voisin : des Soleils, dis-je, dont une partie auroient reçû dans leurs tourbillons des Soleils reduits au même état où ils se trouvent eux-mêmes. Car la Terre a sa Planete qui est la Lune, Mars a la sienne, Jupiter en a six, & peut-être que Saturne en a plus que l'on n'en peut compter. Il est environné d'un Anneau que les Philosophes regardent comme un tissu de Planetes.

Dem. Décrivez-moy, je vous prie, nôtre tourbillon tel qu'il est ?

Resp. Representez-vous un grand amas de matiere extremement subtile & agitée, qui s'étendant depuis le Soleil jusqu'aux Etoiles fixes tourne comme une ligne au tour d'un point. Cette matiere fait tourner avec soy & dans le même sens les Planetes autour du Soleil qui occupe le centre ; & ces Planetes employent plus ou moins de tems à tourner, selon qu'elles sont plus ou moins éloignées du Soleil.

Dem. Chaque Planete pour tourner n'a-t'elle besoin que du tourbillon du Soleil ?

Resp. Il ne faut rien davantage

pour emporter toutes les Planetes ; mais comme il ne se peut qu'une Planete en tournant autour du Soleil ne tourne sur elle-même, comme une boule sur son centre quand on la pousse sur un plan, par ce tournoïement elle emporte une certaine quantité de la matiere celeste, dans laquelle elle nage ; & c'est ce qu'on appelle le tourbillon de la Planete : tourbillon qui la suit toujours dans son mouvement, mais qui pour cela ne cesse point de suivre le mouvement general du grand tourbillon.

Dem. Mais comment une Planete en entraine-t'elle une autre ?

Rép. Comme le tourbillon d'une grande Planete s'étend à proportion de la force de cette même Planete, il n'est pas surprenant, qu'une petite qui s'y jette & qui le grossit encore de son propre tourbillon, soit emportée tout autour. C'est ainsi qu'une grande Planete tourne autour du Soleil, accompagnée d'une petite ou de plusieurs.

Dem. Est-il permis de faire ainsi aller & venir la matiere celeste selon le mouvement des Planetes ?

Resp. La matiere celeste est indifferente là-dessus : Elle s'accommode de tous les mouvemens particuliers qui ne la détournent pas de son mouvement general.

Dem. N'y aura-t'il donc que le Soleil qui soit fixe dans son tourbillon ?

Resp. Il n'y changera pas de place, mais il ne se peut qu'il ne tourne son sur centre. Car c'est une nécessité que le tourbillon fasse tourner tout ce qu'il renferme. Il est aisé de concevoir qu'un corps, qui d'une part fait effort pour s'éloigner du centre, & qui de l'autre est poussé également de tous côtez par la matiere qui l'environne, doit toujours tourner autour de lui-même : Mais ce qu'il y a d'admirable, c'est qu'après avoir raisonné sur la division de la matiere & sur le mouvement de ses parties, on trouve que les observations des Astronomes s'accordent parfaitement avec les consequences qu'on a tirées. Passons presentement de nôtre tourbillon aux Etoiles fixes.

CHAPITRE VI.

Continuation du même sujet.

Dem. POURQUOY dites-vous que les Etoiles sont fixes ?

Resp. C'est qu'elles gardent toujours la même situation les unes par raport aux autres. Une Planete, qu'on peut apeller *Etoile errante*, change souvent de situation à l'égard d'une autre Planete, elle s'en éloigne ou s'en aproche continuellement par l'inégalité des cercles qu'elles décrivent ; mais pour les Etoiles, elles doivent toujours occuper la même place, puisque les tourbillons dont elles occupent les centres, n'en changent point. Aussi les retrouvons-nous en tous tems où nous les avons vûës la premiere fois.

Dem. Raisonneriez-vous des Etoiles comme vous avez fait du Soleil ?

Resp. Les Etoiles sont de vrais

Soleils. Chacune d'elles a son tourbillon ; & peut-être que dans ce tourbillon il y a des Planetes comme dans le nôtre.

Dem. Sur quoi fondez-vous cette pensée ?

Resp. Sur leur brillant & leur vivacité. Il est évident que si elles ne brilloient pas par elles-mêmes, elles ne nous seroient pas visibles. Elles sont si éloignées de nôtre Soleil, qu'elles n'en peuvent recevoir les rayons ; & quand elles les recevroient, ils seroient si affoiblis par ce prodigieux trajet, qu'elles ne pourroient nous les renvoyer, ou nous les faire sentir. Voyez combien est foible la lumiere que nous renvoye Saturne, qui pourtant est infiniment moins loin de nous que les Etoiles. Voyez de combien le brillant des Etoiles surpasse celui des Planetes, qui sont tres-proches de nous en comparaison de Saturne. Or si les Etoiles brillent par elles-mêmes ce sont des Soleils, si ce sont des Soleils, il y a autant de tourbillons que d'Etoiles ; & si dans le tourbillon, qui est nôtre monde, on découvre distinctement quinze Terres ou Planetes, il peut bien y en avoir autant dans un autre tourbillon.

Dem. N'y auroit-il à cet égard que de la possibilité ?

Resp. Il n'y a peut-être pas quinze Planetes dans chaque tourbillon : mais il est certain qu'il y en a quelques-unes ou dans l'un ou dans l'autre. Nous voyons des Cometes. Ce sont de véritables Planetes, dont les allures font assez voir qu'elles passent de tourbillon en tourbillon, parce qu'elles ne trouvent en aucun leur équilibre.

Dem. Mais des Planetes ont-elles des queuës, des barbes, ou des chevelures ?

Resp. Cet équipage des Cometes ne doit pas vous embarrasser. Ce sont des rayons rompus qu'elles nous renvoyent, & qui nous paroissent en devant, ou en arriere, ou tout autour d'elles selon leur situation par raport au Soleil.

Dem. Pourquoi prétendez-vous qu'elles n'ont point de demeure fixe ?

Resp. C'est que tantôt on les voit, & tantôt on ne les voit plus, qu'on ne sçait quand elles doivent paroître ; & qu'aucune n'a encore eu des tems réglez. Quelques-uns prétendent qu'elles ne viennent dans nôtre tourbillon, que parce que celui à qui elles apartiennent est moins large par en bas que par en haut : ce qui fait qu'après avoir commencé à tourner en haut vers la circonférence, elles sont obligées de le quiter à l'endroit où il est retréci, & de passer par le nôtre qui le joint en cet endroit. Ils apuyent cette conjecture sur l'élévation des Cometes qui paroissent toujours fort élevées au dessus de Saturne, c'est à dire, vers la circonférence de nôtre tourbillon. Mais si cela étoit ainsi, on les verroit paroître dans des tems réglez, & c'est ce qu'on ne voit pas.

Dem. Sur toutes ces Terres ou Planetes qui se trouvent ou qui se peuvent trouver dans les tourbillons, y auroit-il des hommes comme sur la nôtre ?

Resp. Il pourroit y en avoir ; mais

de ce que cela se peut, conclurre qu'il y en a ; c'est aler un peu trop vite. Dieu peut avoir fait plusieurs mondes uniquement pour celui-ci qui est fait pour le monde futur, puis qu'ils sont tous une suite des loix du mouvement, rien ne peut tant exprimer la sagesse & la puissance du Createur, que tant d'ouvrages immenses achevez par les voyes les plus simples qu'on puisse concevoir. Assurément si cette expression lui a esté agréable dans la construction des insectes les plus petits & les plus vils, elle le lui sera encore davantage dans la formation de plusieurs mondes sur le pié que nous avons vû.

Dem. Si par hazard les Cometes avoient des habitans, que penseriez-vous des voyages qu'elles leur feroient faire ?

Resp. Je vous assure qu'ils voyageroient sans s'en apercevoir. Une Planete marche si bien envelopée de tout son air, & traverse une matiere si fluide, qu'en quelque endroit où elle fût portée de ces espaces immenses que vous considerez, vous vous trouveriez toujours dans le même état, si vous étiez porté avec elle.

Dem. Comme un Soleil ou une Etoile peut devenir Terre, Planete ou Comete, une Planete ne pourroit-elle point aussi devenir Soleil?

Resp. L'un n'est pas moins possible que l'autre. L'on a vû paroître de nouvelles Etoiles, on les voit encore briller vivement. Des corps si brillans ne se font pas faits de rien. Avant qu'on les vit ils étoient solides & opâques; mais une affluence extraordinaire de matiere subtile, les a, pour ainsi dire, fondus, & rendus de nouveau semblables à elle-même: peut-être aussi sera-ce ce qui arrivera à la Terre suivant l'ordre éternel de la Providence, au tems du Jugement universel. Alors nous nous trouverons dans un tourbillon bien chaud.

Dem. Comment rangez-vous tous les tourbillons dont vous composez l'Univers?

Resp. Si nous en jugeons sur l'aparence des Etoiles à nos yeux, ils
sont

sont placez ici & là à une même hauteur & comme dans une même voute; mais nos yeux jugent toujours mal des objets qui sont dans un si grand éloignement. Les tourbillons se soutiennent les uns les autres : & pour concevoir comment, il ne faut que se représenter celui où nous sommes comme ayant un si grand nombre de faces, qu'en lui laissant une figure presque ronde elles lui laissent en même tems celle qui lui est nécessaire pour porter un pareil nombre d'autres tourbillons, dont chacun taillé de la même maniere, en porte peut-être autant que celui dont il est porté : & ce qui fait encore que nous voyons un si grand nombre d'Etoiles, c'est que dans le vuide, par exemple, que laissent entr'eux deux tourbillons appuyez sur des faces voisines, il y en a encore un ou plusieurs, tous s'engrainant si juste & si à propos les uns dans les autres, qu'ils aident mutuellement leurs mouvemens.

Dem. Par l'agitation qu'ils ont en eux-mêmes n'agissent-ils point les uns contre les autres ?

Resp. Ils se poussent & se repoussent assez pour produire ce brillant par secousses, que nous voyons dans les Etoiles ; mais ils ne se nuisent point les uns aux autres, & chacun d'eux demeure toujours dans son entier ; parce que l'action de l'un est reparée par celle de l'autre. Voila comme se conserve l'assemblage des tourbillons. L'imagination se perd dans l'étenduë d'un seul : qu'elle en joigne donc cent autres, & puis mile, & puis cent mile, autant que de petits feux dans la voute céleste, dont on n'aperçoit peut-être pas le plus grand nombre. Cela paroit aler à l'infini ; mais pourtant cela n'y va pas. L'infinité est dans l'idée qui nous représente des tourbillons ; mais pour eux, ils ont leurs limites, parce que l'infinité ne convient pas à la creature.

Dem. N'y ayant point de vuide dans cette étenduë immense, comment tant de corps particuliers, grands & petits, peuvent-ils se mouvoir ?

Resp. Il n'y a pas là de difficulté, quand on conçoit avant toute autre chose une impression donnée au premier grain de matiere. Il est clair, que le premier petit corps ne peut être poussé sans en pousser un autre, & ainsi de suite selon la communication que nous avons vûë. Le vuide ne serviroit qu'à interrompre le mouvement.

Dem. Mais un corps appuyé de beaucoup d'autres ne peut-il pas rendre nulle l'impression qui est faite sur lui ?

Resp. Il le pourroit si le repos des parties de la matiere avoit quelque force pour résister au mouvement : mais ce repos ne peut rien, je vous l'ay prouvé. Par cette raison les parties du premier élement qui environnent celles du second, se divisent sans résistance en une infinité de differentes manieres, & rien n'est plus facile que la circulation du mouvement dans les corps fluides. Voyez, par exemple, avec quelle facilité nous nous remüons dans l'air. Les parties du second élement ne se remuënt pas moins facilement parmi celles du premier, & dans leur mouvement il ne se peut qu'elles n'emportent tous les

D ij

corps solides qui se forment parmi elles. Mais parce qu'un Poëte aura dit, qu'il *laisse à concevoir, comment tout étant plein, tout a pû se mouvoir*, bien des gens vous diront, que le vuide est semé parmi les corps, & que sans lui le monde seroit immobile. Pure chimére de l'imagination.

CHAPITRE VII.

La formation des corps terrestres. Leurs qualitez.

Dem. COMMENT concevez-vous la formation des corps terrestres ?

Resp. Vous avez vû que des parties du premier élément assemblées & attachées les unes aux autres, il résultoit un corps épais & solide, auquel nous avons donné le nom de *troisiéme élément*. Si vous concevez un grand amas de cette sorte, il vous sera facile d'y concevoir des corps de toutes les espéces selon les configurations infinies des parties du premier élement qui le composent : je veux dire, que vous y concevrez des corps durs, des corps moûs, des corps liquides, des corps lumineux, des corps transparens : & vous apellerez les uns de la Terre, du Feu, de l'Eau, de l'Air, & les autres des Métaux, des Mineraux, &c.

Dem. Tous ces corps doivent-ils s'appeller terrestres ?

Resp. Ils font corps avec la Terre. Tout est terrestre jusqu'à la surface concave du tourbillon. Là commence la matiere céleste.

Dem. Quelles sont les parties dont l'assemblage fait la Terre ?

Resp. Ce sont celles qui se trouvant les plus grosses & les plus solides s'embarrassent les unes dans les autres.

Dem. En quoi consiste la forme de ses Mineraux ?

Resp. Elle en renferme de plusieurs sortes qui tiennent tous de sa forme particuliere, mais dont chacun a sa différence. Il y en a de durs & sans ressort, de durs & qui sont

D iij

ressort, de durs qui se dissolvent facilement. Il y en a de moûs & de liquides de plusieurs espéces. Les parties qui composent un corps dur & sans ressort sont grossieres & branchuës. L'or qui est flexible & sans ressort est composé de ces parties. Celles dont se forment les corps durs faciles à dissoudre sont longues, grosses & inflexibles. Les sels en sont formez ; & par cette disposition de parties ils sont piquans & incorruptibles. Si dans les parties branchuës vous supposez moins de grosseur, au lieu de corps durs sans ressort vous en aurez de moûs & de fluides, tels que sont les gommes, les graisses & les huiles.

Dem. Comment concevez-vous qu'un peu plus ou moins de grosseur dans les parties met tant de différence dans les corps ?

Resp. C'est que des parties plus grosses comprimées par la matiere subtile qui pénétre tous les corps, ne peuvent que difficilement se déplacer : au lieu que des parties moins grosses se déplacent facilement. Le peu de matiere subtile qui les comprime le permet ; & quand on les presse par un côté, elle coule sans résistance par un autre.

Dem. Et le ressort d'où vient-il ?

Resp. De l'action & réaction de la matiere subtile qui trouvant son passage à travers un corps, & au même instant ne le trouvant plus, frape rudement contre, & redresse avec violence les parties qui l'empêchent de passer, ou les divise & casse ce même corps. Vous comprenez bien que dans le moment qu'un corps en choque un autre, la matiere subtile qui le pénétre a deux mouvemens contraires, celle qui est en devant tendant à retourner en arriere à cause du choc, & celle qui est derriere tendant à avancer à cause du premier mouvement. C'est ce conflit de matiere subtile qui fait qu'entre les corps durs qui se choquent, les uns se cassent, les autres s'aplatissent. Les premiers font ressort ; les autres sont sans ressort.

Dem. De quelle sorte de parties formez-vous l'Eau ?

Resp. De parties pliantes & assez séparées les unes des autres pour être agitées en tout sens par la matiere subtile.

Dem. Quelles sont celles dont vous formez l'Air ?

Resp. Je le forme de parties branchuës & si délicates qu'elles cédent facilement & en toutes les manieres qu'on veut. C'est cette délicatesse de parties qui fait que les impressions n'en sont pas sensibles, & qu'on ne le voit pas quoi qu'on en soit toujours environné, & qu'on ne voye rien qu'à travers.

Dem. Comment est-il ainsi transparent ?

Resp. C'est que les intervales que ses parties laissent entre elles sont assez grands pour laisser passer en tout sens les petites boules du second élement, dont l'impression sur nos yeux nous fait découvrir les objets.

Dem. Et le Feu d'où le formez-vous ?

Resp. De parties solides & tres-agitées par le premier élement. Les flâmes que vous voyez sont l'effet de cette agitation : elles paroissent au moment que les parties de la matiere sont tout à fait environnées du premier élement, & en sont assez promptement agitées pour repousser le second élement de tous côtez.

Dem. D'où vient que la flâme qui est composée de parties grossieres s'éleve toujours en haut ?

Resp. C'est par la même raison que l'Air s'éleve au dessus de la Terre. Le premier élement qui environne la flâme l'éleve au dessus de l'Air, parce qu'il a plus de force pour l'élever, que l'Air pour la repousser. Par là vous voyez que les corps terrestres doivent se trouver plus loin, ou plus proches du centre à proportion de leur solidité. Aussi sçavons-nous que la Terre est metallique au centre, parce que les métaux sont les plus pesans, ou pour mieux dire, les moins legers de tous les corps.

Dem. Trouvez-vous de la solidité dans l'Air ?

Resp. Il y en a comme dans l'or & le vif argent. Le premier & le second élement le repoussent vers le

D v

centre. Il est donc plus solide & plus grossier que l'un & l'autre, & il n'y a que l'Eau qu'il surpasse en légéreté.

Dem. Mais ne sentons-nous pas que l'Air ne pése rien ?

Resp. Vous sentez qu'un pié d'Air ne pése pas tant qu'un pié de plomb. Mais puisque l'Air n'est pas moins matiere que le plomb, il a aussi-bien que le plomb la pésanteur qui convient à la disposition de ses parties ; & si vous en doutez encore, consultez ceux qui s'exercent aux expériences, ils vous le partageront en colomnes de tous les poids, & vous feront voir qu'il pése assez pour produire tout ce qu'il plaisoit à nos anciens maîtres de chercher dans l'*horreur qu'a la nature pour le vuide.*

Dem. D'où viennent toutes les qualitez qu'on appelle froideur & secheresse dans la Terre, froideur & humidité dans l'Eau, chaleur & humidité dans l'Air, chaleur & secheresse dans le Feu ?

Resp. Tous ces mots ne signifient rien de distinct. Il n'y a rien de chaud ni de froid, rien d'humide ni de sec par soi-même. Vous serez en telle disposition que ce qui sera chaud pour vous sera froid pour moi, & que vous trouverez sec ce qui me semblera humide. Il n'y a dans les corps que les mouvemens & les configurations de leurs parties, ils agissent en nous selon la disposition actuelle de nos propres corps. Voila ce que l'on conçoit clairement, vos *qualitez* sont incomprehensibles.

Dem. Et qui fait la varieté des corps à nos yeux?

Resp. C'est la tissure extérieure de leurs parties. Quand cette tissure est telle qu'ils repoussent tout le second élement qui les frise, ils sont tres-blancs; quand ils le reçoivent sans le repousser, ils sont tres-noirs; quand ils le modifient en le repoussant, ils paroissent verts ou rouges, jaunes ou bleus selon la différence des modifications qu'ils lui donnent. Si vous voulez, nous dirons quelque chose à part de la vertu de l'aiman.

CHAPITRE VIII.

Vertu de l'Aiman.

Dem. COMMENT deux aimans agiſſent-ils l'un ſur l'autre ?

Reſp. Tout corps doit ſe mouvoir du coté qu'il eſt le moins pouſſé. C'eſt un principe inconteſtable. Voici un aiman, en voici un autre. Celui-ci s'aproche de celui-là. Il faut donc qu'il ſoit moins pouſſé de ce côté que d'un autre. Un corps ne peut être pouſſé que par un corps : & l'aiman qui s'aproche n'eſt touché que par l'air qui l'environne. Il faut donc qu'il ſoit pouſſé par cet air. Pendant qu'il en eſt environné également de tous côtez, il ne remuë point. Il faut donc qu'il en ſoit moins pouſſé d'un côté que d'un autre. Cet air ne le peut ainſi pouſſer ſans être pouſſé lui-même. Il faut donc que de l'autre aiman il ſorte de petits corps qui pouſſent l'air dont eſt pouſſé l'aiman qui s'aproche.

Dem. Mais comment arrive-t'il qu'après avoir fait approcher un Aiman, par la presence d'un autre Aiman, on fait fuir ce même Aiman, qui s'étoit approché en lui montrant le pôle opposé de l'Aiman qu'on lui presente ?

Resp. Les pôres de l'Aiman, non seulement sont si petits, que les parties de l'air n'y peuvent trouver entrée, ils sont encore faits de maniere que les petits corps qui en sortent beaucoup plus agitez que l'air, n'y peuvent entrer que par un côté. Quand ils y passent librement, ils ne font point d'effort sur l'Aiman ; & par conséquent l'air chassé par ces petits corps d'entre deux Aimans pousse l'un & l'aproche de l'autre : mais quand ces mêmes petits corps n'y peuvent passer, ils le repoussent, & l'éloignent d'autant plus, que leur agitation surpasse celle des parties de l'air.

Dem. D'où vient cette difference de pôres dans les pôles d'un Aiman ?

Resp. Selon les loix du mouvement, quand un tourbillon engloutit un autre, les parties qui ont le plus de force pour s'éloigner du centre, & qui sont les plus proches de la circonférence, coulent en arriere & ne se trouvent englouties qu'aprés que celles qui sont les plus proches du centre l'ont esté. Les boules qui composent un des côtez du tourbillon englouti sont donc plus petites que celles de l'autre côté. (Car vous sçavez que celles du centre sont plus petites que celles de la circonférence.) Etant plus petites elles laissent entre elles des espaces plus petits. Ainsi, il n'est pas surprenant que la matiere qui sort par un des côtez ne puisse rentrer par l'autre. La terre est comme un de ces tourbillons engloutis, elle en étoit le centre, & on convient qu'elle est elle-même un grand Aiman. On peut donc bien penser, que si un Aiman se retire à la presence d'un autre Aiman, c'est que la matiere magnétique répanduë entre les deux le repousse, parce qu'elle trouve ses pôres trop petits pour y entrer.

La Physique.

Dem. Mais un Aiman peut-il toujours envoyer de cette matiere sans se vuider ?

Resp. La Terre étant un Aiman il se trouve toujours dans l'air plus de matiere magnétique qu'il n'en faut pour remplacer celle qui sort de chaque Aiman particulier. Il se vuide par un de ses pôles, il se remplit par l'autre. Ce sont les diverses manieres, dont cette matiere se répand, qui causent toutes les variations qu'on remarque dans les aiguilles aimantées. Ne m'en demandez point les causes particulieres, ce que j'en aprens des autres ne me satisfait pas, & j'avoüe que je ne puis les découvrir. Je m'en tiens à ce qu'il y a de fondamental.

Dem. La matiere canelée dont on parle tant, ne pourroit-elle vous être d'aucun usage ?

Resp. Voyez vous-même si elle est bonne à quelque chose, ou si ce n'est pas une imagination. On veut que ce qui fait qu'un Aiman est repoussé à la presence d'un autre Aiman, c'est que la matiere qui sort de l'un sous la forme de vis à trois canelures, trouvant les pores de cet autre Aiman tournez en vis à contre-sens, ne s'y peut ajuster. Mais il est clair que trois petites boules du second Element ne peuvent tourner en se pressant, l'une autour de l'autre (d'où dépend le virolement de la matiere qui coule entre elles) si ce n'est à l'axe: Ce qui certainement ne peut pas faire plus d'effet pour le mouvement de deux Aimans, qu'une goute de vin pour rougir l'eau d'une Riviere. Hors de l'axe les petites boules tournent avec liberté, & décrivent une ligne presque droite. D'où il faut conclurre que la matiere qui coule dans leurs interstices ne se peut pas figer, ni par consequent se viroler ; & qu'ainsi ce n'est point au virolement de la matiere magnétique qu'il faut attribuër la vertu de l'Aiman, mais seulement à la disposition des pores de cette pierre, comme je viens de l'expliquer.

Dem. Cette matiere que personne n'a jamais vûë a-t'elle elle-même beaucoup de certitude ?

Resp. Vous n'avez jamais vû les vents. Cependant vous ne doutez pas qu'il n'y en ait, parce que vous en sentez les effets. Vous n'avez pas plus lieu de douter qu'il y ait de la matiere magnétique, lorsque vous voyez deux Aimans s'aprocher ou s'éloigner l'un de l'autre.

Dem. Seroit-ce aussi par l'action de cette matiere que des brins de paille se joignent à l'ambre & à la cire d'Espagne ?

Resp. Quand vous frotez de la cire ou de l'ambre entre vos mains, vous en resserrez les pôres, & vous obligez ainsi la matiere qui les remplit à en sortir. Cette matiere pousse l'air qu'elle rencontre, & les brins de paille se trouvent alors moins poussez du côté de l'ambre que de tout autre côté. Il n'est donc pas surprenant qu'ils s'y joignent dans le même instant. Il ne faut point là de matiere magnétique.

Dem. D'où vient encore que si l'on presse avec les bouts des doits un petit ruban de haut en bas, il frape contre ce qu'on lui oppose, comme si le vent le pouſſoit?

Reſp. C'eſt qu'en faiſant gliſſer vos doits le long du petit ruban, vous chaſſez la matiere qui eſt dans les entrelaſſemens, & que cette matiere trouvant de l'oppoſition à ſon paſſage du côté que vous mettez par exemple vôtre main, elle pouſſe l'air de l'autre côté, qui par conſequent pouſſe vers vous le ruban.

Dem. Ne comptez-vous pour rien le mouvement qu'on appelle *d'attraction* ?

Reſp. Ce prétendu mouvement ne ſe conçoit pas mieux que la *vertu attractive*. Comment voudriez-vous qu'un corps en attirât un autre? Faites effort pour le concevoir, & je vous feray voir que ce vous attribuez à *l'attraction* ſe fait par une veritable *impulſion*. Car ſi par exemple, vous attirez quelque choſe à vous, ce n'eſt pas préciſément, parce que vous l'attirez que cette choſe vous ſuit, c'eſt parce qu'en faiſant effort contre l'air qui eſt en devant, vous le determinez à circuler en arriere,

& à pousser par conséquent ce que vous prétendez attirer,

Dem. Rejetteriez-vous aussi tout ce qu'on appelle *Sympathie* ?

Dem. Ce mot est bon pour signifier certains raports d'une chose à une autre ; mais il faut expliquer ces raports. Autrement *Sympathie* ne sert qu'à faire voir qu'on n'entend pas la chose dont on se mêle de parler.

Dem. Suivant ce que vous avez dit de l'Aiman, du moins ne se pourroit-il point faire qu'il sortît de certains corps assez de corpuscules pour produire les effets, par exemple, qu'on attribue à la Baguette ?

Resp. La vertu de l'Aiman est incontestable. Chacun de nous en peut faire l'experience en tout tems & en tous lieux. La Baguette est une illusion. Il ne sort point, par exemple, assez de corpuscules du corps d'un homme assassiné pour se répandre dans un espace de cinquante lieuës : quand il en sortiroit assez, ils ne résisteroient pas au mouvement de l'air qui circule continuellement, il ne se peut que ce qui nage dans un fluide ne soit emporté par ce fluide : quand ces corpuscules arriveroient jusqu'à la Baguette, ils auroient assez changé sur la route pour n'être plus propres à ce qu'on en attend : & quand ils produiroient quelque mouvement dans cette Baguette, ce qu'on ne peut attendre de si peu de chose, ce mouvement n'auroit aucun raport avec ce qu'on veut qu'il signifie. Ainsi, se prévenir de la Baguette par l'idée d'une effusion de corpuscules, c'est faire voir qu'on ne sçait raisonner ni sur les proprietez de la matiere, ni sur les loix du mouvement. On voit assez qu'il n'y a plus de raison à croire qu'on puisse procurer une effusion pareille pour la guerison des blessures qu'on ne voit ni qu'on ne touche, ou pour transplanter des maladies. Ce sont des imaginations, que l'ignorance où l'on a été de la nature, a produites. Revenons à quelque chose qui merite nôtre attention.

CHAPITRE IX.

Flux & reflux de la Mer, Sphére de Copernic.

Dem. COMMENT se fait le flux & reflux de la Mer ?

Resp. Ce flux & reflux est une suite de la méchanique du monde. Vous avez vû que le corps que nous appellons la *Terre*, est un composé de terre, d'eau & d'air qui tourne continuellement sur son centre, & qui nage dans un tourbillon où est comprise la Lune qui tourne autour. Cela supposé, il est facile de concevoir que lors qu'une partie de l'air qui envelope la terre, se trouve par le tournoiement journalier entre la Lune & la Mer dont la Terre est entourée, cette partie d'air comprimée par la Lune fait enfler les eaux de la Mer, & produit un flux qui dure jusqu'à ce qu'elle ne corresponde plus sous la Lune.

Dem. Comment concevez-vous que les eaux s'enflent ?

Resp. Je me les représente comprimées au milieu sans l'être vers les bords. Alors la Mer perd de sa profondeur, pour s'étendre; & quand la cause de son extension a cessé, ses eaux retombent par leur propre poids dans l'abîme d'où elles étoient sorties.

Dem. D'où vient que le flux retarde chaque jour d'un certain espace de tems ?

Resp. C'est que la Lune faisant un tour chaque mois autour de la terre, avance chaque jour d'une certaine quantité, qui doit être par conséquent la différence de deux flux & reflux.

Dem. D'où vient encore que dans la Mer Méditerranée il n'y a point de reflux ?

Resp. C'est que la Lune étant environ cinquante fois moins grande que la Terre, elle se trouve toujours renfermée entre les deux Tropiques, & par conséquent ne correspond jamais sur cette Mer.

Dem. Mais cette Mer ne pourroit-elle pas recevoir un flux par l'Ocean, avec lequel elle communique ?

Resp. Elle le pourroit si le détroit de Gibraltar qui fait la jonction étoit fort large ; mais il est évident qu'il n'y peut assez entrer d'eau de surcroît, pour causer un changement sensible dans la Mediterranée.

Dem. Ne pourroit-on pas conclurre de ce que vous dites qu'il y a flux & reflux dans les Mers, les Lacs & les Rivieres qui sont entre les deux Tropiques ?

Resp. Il y seroit, si ces Mers, ces Lacs & ces Rivieres, avoient plus d'étenduë, que le corps de la Lune ; mais puisque la Planete les comprime également dans toutes leurs parties, on ne peut en attendre aucun flux.

Dem. Dites-moy encore, je vous prie, pourquoy le flux est plus grand à la nouvelle & à la pleine Lune qu'au premier & second quartier, & pourquoy il est encore plus grand aux Equinoxes ?

Resp. Pour en trouver la raison

il ne faut que suppoſer, que le tourbillon de la terre eſt d'une telle figure, que lorſque la Lune eſt jointe ou oppoſée au Soleil, elle preſſe l'air davantage, que dans le tems des quadratures. Plus l'air eſt preſſé, plus il fait enfler les eaux; & il ne ſe peut que ſon action ne s'augmente encore dans le tems des équinoxes, puiſqu'alors la Lune paſſe ſur l'Equateur, & qu'en décrivant le plus grand cercle qu'elle puiſſe décrire, elle comprime auſſi & fortement une plus grande quantité d'air.

Dem. Retracez-moy, s'il vous plaît, le ſyſtême, d'où dépend le mouvement qui nous fait paſſer chaque jour ſous la Lune.

Reſp. Toutes les Planetes qui nous ſont connuës ſont dans un même tourbillon. Le Soleil eſt au centre. Mercure eſt peu élevé au deſſus du Soleil. Venus eſt plus élevée. La Terre eſt au deſſus de Venus, & trouve toujours la Lune autour d'elle. Mars voit le Soleil de plus loin, Jupiter en eſt encore plus loin que Mars, & Saturne en eſt ſi loin,

qu'il

qu'il ne lui faut pas moins que trente années pour tourner autour. Nous voyons ces Planetes autant que le Soleil les éclaire dans la partie qui est tournée vers nous; & si nous étions où elles sont, nous verrions de même nôtre Terre selon la mesure de lumiere qu'elle recevroit, & qu'elle renvoyeroit vers nos yeux.

Dem. N'est-ce que pour trouver une cause du flux de la mer qu'on a rejetté l'ancien systeme?

Resp. Dans vôtre ancien systeme la Terre est fixe & immobile au centre du monde, la Lune est au dessus, Mercure est au dessus de la Lune, & Venus au dessus de Mercure. Le Soleil vient ensuite qui tourne autour de ces grands corps, comme la Lune, Mercure & Venus autour de la Terre: il n'y a que Mars, Jupiter & Saturne qui tournent autour du Soleil avec la voute où sont attachées les Etoiles. On a rejetté ce systeme, 1. parce que la matiere céleste emportant avec soy tous les corps qu'elle renferme, il ne peut y en avoir aucun qui du moins ne tourne sur son centre. 2. Parce qu'il est constant par toutes les observations qu'on a faites de nos jours, que Mercure & Venus tournent autour du Soleil, & non pas autour de la Terre. 3. Parce qu'il faloit à chaque mouvement qu'on observeroit dans les corps célestes faire une nouvelle supposition, & former quelque nouveau Ciel, quelque concentrique, quelque excentrique, ou du moins quelque epicicle. 4. Parce qu'il n'étoit pas concevable que plusieurs corps plus gros & plus massifs que la Terre se remuassent plus aisément qu'elle; & que ce fût à eux plutôt qu'à elle à se remuër. Sur toutes ces raisons on a formé le nouveau systeme ; & il a paru d'autant plus raisonnable, qu'il s'accorde avec les loix du mouvement qui s'observent dans la nature, & que sans autre supposition on explique ce qu'il y a de plus embarrassant dans les diverses aparences des Planetes & des Etoiles, & même ce qu'il y avoit d'inexplicable dans l'ancien systeme, comme la pésanteur & la légéreté, le flux & le reflux de la mer, &c.

La Physique.

Dem. Le syfteme de Tycho-brahé ne pourroit-il point en accordant quelque chose aux Modernes laisser quelque honneur aux Anciens ?

Resp. Tycho a trouvé le moyen de faire tourner le Soleil autour de la Terre, & toutes les Planetes autour du Soleil. Il a sauvé par là ce qu'on avoit observé touchant Mercure & Venus, mais il a laissé tous les autres inconveniens, & même il en a introduit un nouveau. Car le moyen que le Soleil assiégé de Planetes qui tournent autour, puisse avoir le mouvement que cet Astronome lui donne ? Ainsi tenons-nous en au systeme de Copernic.

Dem. Comment dans ce systeme faites-vous venir le jour & la nuit ?

Resp. La Terre tourne sur son centre; elle présente donc certains Peuples au Soleil pendant qu'elle lui en cache d'autres. Ainsi, selon la situation où son tour la met par raport au Soleil toujours fixe au centre du monde, il fait jour pour les uns & nuit pour les autres; & ceux-ci ne sont dans les ténebres que parce que la Terre est entr'eux & le Soleil : au moment qu'en tournant elle expose de telle maniere une contrée, que les rayons du Soleil la rasent, la nuit cesse, & on dit que le Soleil monte ou est déja sur l'Horison ; & quand cette contrée répond perpendiculairement au Soleil, on dit qu'il est dans le Méridien, ou qu'il est Midy. Ainsi l'Horison & le Méridien changent pour un grand nombre de Peuples.

Dem. Si l'interposition de la Terre nous cache toujours la lumiere, d'où vient celle dont nous jouïssons le soir quand le Soleil s'est couché, & le matin avant qu'il se leve ?

Resp. Vous demandez la cause de l'Aurore & des crépuscules ; & si je ne me trompe, la voicy Le Soleil que la Terre nous cache quand il vient de se coucher, ou quand il est prêt à se lever ne nous envoye pas ses rayons, mais il en envoye dans l'air qui est au dessus de nous ; & comme cet air est fort grossier, il en fait refléchir une partie vers nous, & nous recevons ainsi par contre-coup cette lumière imparfaite, qui nous accoutume peu à peu, ou à la présence du grand jour, ou aux ténèbres de la nuit.

Dem. Et la diversité des saisons d'où dépend-elle ?

Resp. Elle dépend d'un autre tour, que la Terre tournant toujours sur son centre fait autour du Soleil dans un espace de tems qu'on appelle une année. Emportée par le mouvement du tourbillon commun de toutes les Planetes, qui est celui du Soleil, elle passe obliquement tout autour de cet astre ; & par conséquent en approche & en éloigne alternativement les divers Peuples qui se trouvent ainsi ou dans le chaud ou dans le froid, ou dans le tempéré. C'est ce qu'on a voulu exprimer par le *Zodiaque*, *les Tropiques* & *les Zones*.

Dem. Pourquoi a-t-on donné le nom de *Zodiaque* à cette ligne que décrit le mouvement annuel de la Terre ?

Resp. C'est qu'en tournant ainsi autour du Soleil elle correspond successivement à divers endroits du Ciel, où il y a divers assemblages d'Etoiles, auſquelles on a donné les noms de divers animaux, de Belier, de Taureau, &c.

Dem. La diſtance du Soleil à nos Climats eſt-elle aſſez differente en Hyver & en Eté pour produire des ſaiſons differentes?

Reſp. Ce n'eſt pas proprement la diſtance du Soleil qui fait le chaud ou le froid des ſaiſons, c'eſt la maniere dont ſes rayons tombent ſur nous. Quand leur chûte approche de la perpendiculaire, il eſt certain qu'ils agiſſent beaucoup plus fortement que lors qu'elle eſt fort oblique. Or le Soleil nous regarde beaucoup moins obliquement lors qu'il ſe meut dans la partie Septentrionale du monde, que lors qu'il ſe meut vers le Pôle Méridional.

Dem. Qu'apellez-vous des Zones?

Reſp. Ce ſont comme trois bandes de Terres, dont la premiere s'étend entre les deux Tropiques qui bornent le Zodiaque de part & d'autre, & qui ſont à diſtance de l'Equateur, c'est à dire, de la ligne qui divise la Terre directement en deux, d'Orient en Occident. Les deux autres s'étendent au-delà de chaque Tropique : & parce que l'une regarde toujours le Soleil directement dans l'une ou dans l'autre de ses parties, on l'appelle Zone brûlante. Les deux autres, qui ne le voyent jamais qu'obliquement, s'appellent Zones temperées ; & on en fait encore deux autres qu'on appelle froides, parce que son aspect à leur égard est toujours extrêmement oblique.

Dem. N'a-t-on distingué que par Zones les différentes Régions ?

Resp. On les a encore distinguées par Climats, c'est à dire, par la difference du plus long jour de chacune d'elles. Représentez-vous que la Terre en tournant autour du Soleil biaise chaque jour d'une certaine quantité, par ce biaisement elle prolonge le jour de plus en plus durant la moitié de l'année, & elle le diminuë de plus en plus durant l'autre moitié : accroissement & diminution qui nous sont marquez par une ligne qui répond au Zodiaque, & qu'on appelle Eclyptique : & quand il y a la différence d'une demie-heure du plus long jour d'une contrée au plus long jour d'une autre contrée, on dit que l'une de ces contrées a un climat de plus que l'autre. Or le plus long jour sur l'Equateur est de douze heures, & le plus long en tirant vers les Pôles est de vingt-quatre. Douze heures de plus font vingt-quatre demie-heures ; & par conséquent il y a déja vingt-quatre Climats dans l'Hemisphere Septentrional, & autant dans le Méridional, c'est à dire, quarante-huit : au vingt-quatrieme Climat les jours vont croissant de maniere, qu'enfin dans une contrée il y a un jour d'un mois, dans une plus éloignée un jour de deux mois, dans une autre un jour de trois mois, puis de quatre, puis de cinq, & enfin de six. Ce qui fait que dans ces contrées c'est la différence d'un mois au plus long jour qui établit un Climat ; & par conséquent y ayant six Climats de cette sorte dans la partie Méridionale, & autant dans la partie Septentrionale, ce sont douze Climats, qui joints aux quarante-huit premiers font au juste soixante Climats.

Dem. Comment marque-t-on la différence des Climats ?

Resp. Par des cercles que l'on conçoit sur le Globe de la Terre, & qui se coupent les uns les autres. L'arc d'un de ces cercles, compris entre l'Equateur & tel païs marque la latitude de ce païs, ou de combien il est plus Méridional ou plus Septentrional qu'un autre, d'où dépend la différence des Climats : & l'arc compris entre ce même païs, & un cercle que l'on prend pour premier Méridien marque la longitude de ce même païs, ou de combien il est plus Oriental qu'un autre. Vous verrez tout ceci clairement en jettant les yeux sur une Sphére & sur un Globe terrestre. Si vous voulez présentement vous donner un beau spectacle, placez-vous par l'imagination dans un endroit du monde, d'où vous puissiez voir les Planetes tourner sur leur centre & autour du Soleil, comme vous pourriez voir passer une armée en ordre de bataille. En regardant seulement la Terre selon le mouvement qu'elle a sur elle-même, vous verrez d'abord un Peuple mettant au jour ses mœurs & ses usages, ensuite un autre Peuple en faire autant, & ainsi de suite avec une variété infinie : vous verrez passer entre divers Peuples tantôt des Mers, tantôt des Plaines, tantôt des Forêts ou des Montagnes, vous verrez tous ces Peuples recevoir de leur objet commun plus ou moins de chaleur selon leur position & leur distance ; & la Terre elle-même tirer de là diverses qualitez. Vous les verrez aussi inégalement éclairez ; mais selon des differences si exactement compensées, qu'il n'y en a pas un qui lors que la Terre a fait son tour, n'ait esté autant éclairé que chacun de tous les autres. Regardant ensuite la marche des Planetes, vous verriez d'abord passer Mercure, ensuite Venus, la Terre aprés escortée de sa Lune, Mars ensuite escorté de la sienne, Jupiter aprés accompagné de six, & enfin Saturne qui traineroit aprés lui le gros des Planetes, le plus grand &

le plus magnifique équipage que la nature ait formé. Vous verriez d'abord toutes ces Planetes marcher à une grande distance les unes des autres, ensuite s'approcher ; vous les verriez s'éloigner ou s'approcher successivement plus ou moins, & toujours dans une régularité parfaite, vous verriez que celles qui nous paroissent d'icy, *directes, stationnaires, rétrogrades*, ne sont telles à nos yeux que parce que nôtre Terre dans le tour qu'elle fait au dessous, tantôt les passe, tantôt les fuit, & tantôt marche avec elles. Mais ce qui acheveroit de vous charmer seroit de voir le Soleil lui-même peindre chacune d'elles de son or le plus pur à mesure qu'elles se présentent devant lui, & toutes se communiquant les unes aux autres cette dorure selon qu'elles se regardent du même côté, que les regarde le peintre. Voila comme on peut promener son esprit dans ces espaces immenses, où l'auteur de la nature a placé tant de tourbillons, & trouver toujours des motifs d'admirer sa magnificence & sa sagesse.

E vj

Dem. Mais si je voy toujours le Soleil tourner, & la Terre toujours fixe, comment croiray-je le contraire ?

Resp. Commencez par vous convaincre, que vous ne pouvez connoître par les sens, si c'est la Terre ou le Soleil qui tourne ; & pour cela pensez à ce qui vous arriveroit, si venant de vous réveiller dans un navire, vous aperceviez en regardant en haut la pointe d'un autre navire vers lequel vous avanciez toujours, pourriez-vous juger si ce seroit le vôtre ou celui-ci qui avanceroit ? Ou si vous étiez sur la Planete de Mars, ne jugeriez-vous pas à cause du tour que fait cette Planete, que le Soleil tourneroit autour d'elle ? Cependant on sçait assez que c'est un tour qu'il ne fait pas. Ainsi, comptez pour rien ce que vos sens vous disent à cet égard, & consultez la Raison, qui est la seule voye qui vous reste.

Dem. N'aurions-nous nul moyen pour reconnoître que nous changeons de lieu dans le monde ?

Resp. Regardez à une telle heure

les Etoiles, qui correspondent à vôtre tête ; regardez encore de la même maniere à une autre heure, vous verrez telles Etoiles, & puis telles autres Etoiles ; vous pouvez de là, ce me semble, aussi-bien conclurre que la Terre tourne, que de ce que vous voyez sur le rivage tantôt des arbres, tantôt des maisons, & tantôt des rochers, vous concluez que le bateau où vous vous reposez avance, quoique vous ne sentiez point son mouvement.

Dem. Pourquoi placez-vous si loin le rivage de nôtre Terre ?

Resp. C'est qu'elle roule avec son air, avec sa Lune, & avec tout son tourbillon. Ce roulement commun de tout ce qui lui apartient est ce qui fait vôtre repos durant son tour ; & ce qui nous oblige à lui donner les Etoiles mêmes pour rivage.

Dem. Mais l'Ecriture ne nous fait-elle pas entendre que c'est le Soleil qui tourne & non pas la Terre, lors qu'elle nous dit que Josüé commanda au Soleil de s'arrêter ?

Resp. L'Ecriture nous parle ordinairement à cet égard suivent le témoignage de nos yeux ; c'est le plutôt fait. Josüé parloit comme il pensoit ; mais quand il auroit sçû Copernic, il n'eût pas parlé son langage à des Soldats, dans un tems où il faloit combatre, & non pas discourir d'Astronomie. C'en est assez pour les Cieux & pour la Terre. Voyons les causes de ce qui se passe dans la moyenne Région.

CHAPITRE X.

Météores. Changemens des corps.

Dem. Où placez-vous la moyenne Région ?

Resp. Je la place au dessus de l'air le plus grossier. On la trouve à deux lieuës ou environ au dessus de la Terre, à l'endroit où les plus petits corps terrestres sont repoussez par une matierè plus subtile.

Dem. D'où se forme ce qui nous y paroit & ce qui nous en vient ?

Resp. Concevez que par l'action

continuelle du Soleil sur le Globe de la Terre & de l'Eau, il s'en eleve à chaque instant une infinité de petites parties qu'on appelle des exhalaisons & des vapeurs, vous aurez découvert les sources du vent, de la pluye, de la neige, de la grêle, du tonnerre, des éclairs, &c.

Dem. Comment se fait le vent ?

Resp. Il faut que les vapeurs qui sortent de la Terre & de l'Eau trouvent leur place, & elles ne la peuvent trouver sans pousser l'air qu'elles rencontrent sur leur chemin. L'agitation que l'air en reçoit est ce qu'on appelle les vents qui sont à l'Orient ou à l'Occident, au Septentrion ou au Midy, & qui varient en une infinité de manieres suivant la détermination du mouvement des vapeurs.

Dem. Comment se forme la pluye ?

Resp. Quand les vapeurs s'étant élevées à une certaine distance de la Terre trouvent un air froid, elles perdent leur agitation, & s'attachant les unes aux autres forment des nüages que le même air un peu condensé dissout & fait tomber en goutes. Voila ce qui arrose la Terre. Quelquefois parmi ces vapeurs il se mêle quelques exhalaisons qui rendent la pluye d'une couleur rougeâtre. Alors c'est un prodige pour les simples : ils s'imaginent qu'il y a une pluye de sang.

Dem. D'où viennent ces diverses couleurs qu'on voit souvent en forme d'arc dans les tems de pluye ?

Resp. Puisque souvent sur des prairies où la rosée est répanduë on voit des arcs fort aprochans de ceux dont vous demandez la cause, on peut penser qu'y ayant alors beaucoup de vapeurs éparpillées en l'air les rayons du Soleil qui passent au travers se rompent diversement, & viennent à nous selon les modifications qui nous font apercevoir la lumiere sous différentes formes. Il se peut même faire que ces vapeurs soient disposées de maniere qu'on aperçoive à travers deux ou trois Soleils, comme un verre à facetes nous represente double ou triple un seul objet.

Dem. Comment se forment la

neige & la grêle ?

Resp. Si les goutes qui tombent de la nüée rencontrent de nouveau un air froid sur la route, elles se congeleront, & selon le dégré de froideur de cet air elles se changeront ou en grêle ou en neige. Les diverses manieres dont l'air agira sur les goutes donneront à la neige ou à la grêle toutes les figures qu'on y remarque. Si l'air circule comme la matiere magnétique, il peut bien produire sur de l'eau qu'il condense ce que produit sur de la limaille la présence d'un aiman.

Dem. Comment se forme le tonnerre?

Resp. Concevez qu'il se forme di-diverses nüées à certaine distance l'une de l'autre, & que l'une vient à s'abaisser sur l'autre. Selon cette supposition l'air qui se trouve entre les deux sort avec violence par leurs extrémitez ; & par sa maniere de sortir cause ce fracas & ces roulades que vous entendez. Car le bruit n'est autre chose que l'air qui selon telles ou telles ondulations traverse un espace & vient fraper nos oreilles.

Dem. Comment se forment les éclairs?

Resp. Il ne faut pour en produire que certaines humeurs environnées du premier élément & assez agitées par lui pour repousser le second élément de tous côtez. C'est la matiere de ces feux que vous voyez quelquefois voltiger sur la surface de la Terre. Elle est quelquefois si légère, qu'elle n'agit que sur ce qu'il y a de plus léger, sur du poil, sur des cheveux : & quelquefois elle est si active & si pénétrante, que sans endommager ce qui ne lui résiste point, elle consume, elle brise & met en poudre tout ce qui résiste à son action. C'est ce qu'on appelle le *Tonnerre tombé*. Ce qu'on en voit de plus surprenant n'est que l'effet de l'activité & de la détermination du mouvement de l'exhalaison.

Dem. D'où vient qu'entre tous ces phénomènes nous sommes sujets à des chauds qui nous accablent, & à des froids qui nous morfondent ?

Resp. Vous vous souvenez de la matiere subtile qui pénétre tous les corps : à mesure que cette matiere s'augmente le chaud croit ; à mesure qu'elle diminuë le froid vient. Si elle diminuë tellement que ce qu'il en reste se fige dans les intervales que les petites parties des corps laissent entr'elles, on a de la gélée & des glaçons, parce que cette matiere n'agitant plus les parties de l'eau, elles se fixent les unes contre les autres. La nature & les qualitez des petits corps qui s'élevent de la Terre concourent en une infinité de manieres avec l'aspect du Soleil pour l'accroissement ou la diminution de la matiere subtile.

Dem. Mais si cette sorte de matiere produit le chaud, d'où vient que dans la Plaine il fait plus chaud ou moins froid que sur la Montagne où l'air est plus subtil ?

Resp. L'air subtil & la matiere subtile sont deux choses tres-differentes. L'air subtil est toujours froid pour nous, il n'a point assez de force pour produire dans nos corps le mouvement d'où dépend la chaleur : l'air grossier a toujours assez de force pour cet effet ; à moins que faute de matiere subtile il ne vienne à se rarefier ; ainsi on a froid sur la Montagne, & on a chaud dans la Plaine, parce que l'air est grossier dans la Plaine, & subtil sur la Montagne. Regardez donc présentement la Terre, portant en elle-même des sources d'eaux & de feux, les poussant insensiblement jusqu'au milieu de l'air, & là produisant des nüages & des éclairs, pendant que sur sa surface elle répand des eaux toutes préparées selon ses differens tamis, & vomit des feux formez dans son propre sein ; au milieu de tout cela regardez encore ses vapeurs, dont une partie tournant en rond au dessus d'elle, produit des tourbillons impétüeux, & qui par les mêmes loix du mouvement qui les ont élevées retombent, & lui font produire la nourriture de tous les animaux qui l'habitent.

Dem. Comment se fait cette production ?

Resp. Vous avez vû que dés l'origine du monde la Terre a reçû dans son sein les semences de tout ce qu'elle porte dans la suite de tous les siécles. Il suffit présentement que le Soleil l'échauffe, en l'échauffant il en détache de petites parties, qui par le moyen de l'eau dont elle est détrempée, s'insinuënt entre les fibres de chaque plante, & la grossissent peu à peu jusqu'à ce qu'elle soit venuë à son état de perfection.

Dem. Comment se forment aussi toutes ces fleurs, & tous ces beaux & bons fruits que nous voyons ?

Resp. Concevez dans chaque plante une infinité de differens petits moules, dans lesquels la Terre & l'Eau qui la pénétre, se figent, & en se figeant reçoivent des configurations toutes nouvelles, vous aurez trouvé ce que vous demandez. Car assurément ces belles fleurs que vous admirez, cette verdure fraîche qui vous couvre, ces fruits délicieux dont sont chargez ces petits arbres, ne sont que de la terre détrempée, mais figée en plusieurs tuyaux, passée par divers tamis, alambiquée en une infinité de manieres selon la construction des fibres de la plante, avant que de paroitre sous des formes si agréables. C'est ce me semble se faire un objet assez digne de l'esprit, que de suivre par la pensée des millions innombrables de petites parties d'eau & de terre qui se poussent les unes les autres dans une infinité de petits tuyaux, & qui toutes se ramassent au bout de ces tuyaux sous la forme de mile & mile sortes de fleurs, de feuilles & de fruits ; mais la plûpart des hommes ne veulent que jouïr des biens de la Terre ; la maniere dont se forment ces biens, & la main qui les produit, n'entrent point dans leurs réfléxions.

Dem. Comme des vapeurs se changent en pluye, la pluye en grêle, & la terre en fruits, l'art ne pourroit-il point assez imiter la nature, pour changer un métal en un autre ?

Resp. Si un homme vous promettoit de changer des choux en petits poids, ou du cidre de Normandie en vin de Champagne, vous ne le croiriez pas. Il n'est pas plus facile de transformer le cuivre en or. Si la Terre se change en fruits, c'est qu'elle trouve des moules que vous n'auraperez jamais. Que des goutes de pluye rencontrent un air froid, elles se joignent comme elles se trouvent, & voila de la grêle. Mais pour changer le mercure en or, il faut sçavoir ce qu'il faut ajoûter aux parties du mercure, & ce qu'il en faut retrancher: ce qui dépend de la connoissance des configurations & de la grosseur des parties de l'un & de l'autre. Aprés cela il faut sçavoir la maniere de joindre les parties qu'on a préparées. Ce sont bien des choses à sçavoir.

Dem. Pourquoi voulez-vous qu'on sçache toutes ces choses?

Resp. C'est que si on ne les sçait, on souffleroit durant un siécle, qu'on n'avanceroit rien: il faut du moins voir où l'on va, & sçavoir ce qu'on fait.

Dem. Ne se peut-il pas faire qu'à force de souffler au hazard on ait trouvé le degré de chaleur, qui de quelques petites parties de mercure fait une des petites parties dont l'or est composé?

Resp. Je veux que cela soit possible. Mais retrouvera-t-on bien ce même degré de chaleur ? Ne joindra-t-on point une douzaine de petites parties, quand on croira n'en joindre que trois ou quatre ? Elles sont assez petites pour tromper l'Operateur. Aura-t-il gardé l'exactitude dans leur jonction ? Il est à craindre que la matiere subtile qui ne fait que passer & repasser au travers ne lui joüe un mauvais tour en élargissant les passages. Mais enfin voila de l'or : pesons-le : il a son poids. Faisons-lui sentir le feu ; il résiste : On avoit tort de traiter le grand œuvre de chimére. Regardons encore cet or : il est beau ; par malheur il est trop beau pour des yeux accoutumez à voir celui qu'on tire de la Terre : il est trop beau pour être bon. Il faut que l'Operateur recommence : il a encore donné dans ses operations de bon or pour de mauvais. Laissons-le recommencer ; & quitons le grand monde pour considerer le petit, qui est le corps humain.

CHAPITRE

CHAPITRE XI.

Formation du Corps humain. Son progrés jusqu'à sa naissance.

Dem. POURQUOY appellez-vous le corps humain un petit monde ?

Resp. C'est que le Créateur en a voulu faire comme un ouvrage à part, & y marquer en petit des traits particuliers de sa sagesse & de sa fecondité. Voyez cette figure placée au milieu de la Terre, qui éleve sa tête vers le Soleil & les Etoilés, qui la tourne tantôt d'un côté tantôt d'un autre ; sa situation & ses regards vous répondent de ce qui se passe au dedans.

Dem. Voudriez-vous m'en déveloper la formation & la structure ?

Resp. Si sans sçavoir de quelles parties une pendule est composée, j'entreprens de vous marquer comment l'Horlogeur s'y est pris pour la faire, penseriez-vous que je fusse bien sage ? Je le serois encore moins, si je me mêlois de vous représenter comment chaque partie du corps humain s'est formée, moi qui ne connois point ces parties. Je voy une tête, des bras, des jambes, un cœur, un foye, des poûmons, un cerveau, des os, des nerfs, des muscles, des tendons, des veines ; mais ces parties dépendent d'une infinité d'autres que je ne connois point ; j'en voy encore un grand nombre dont je ne sçai ni les raports ni les usages ; & je ne voy ni les liens ni les ressorts qui font de toutes ensemble une machine si parfaite. Jugez si je puis faire ce que vous me demandez.

Dem. N'y a-t-il pas des Philosophes qui ont expliqué la maniere dont Dieu a construit les animaux ?

Resp. Je n'en sçache point de si téméraires. Quelques-uns nous ont voulu faire entendre comment les loix du mouvement servent à faire croître peu à peu les parties sensibles de chaque animal qu'elles trouvent tout formé : on peut former là-dessus des conjectures aparentes ; mais sur la formation même on n'en formera jamais que de fausses & d'insensées.

Dem. A-t-on quelque preuve sensible de son existence avant l'action des deux sexes ?

Resp. Un observateur * curieux & exact a remarqué que comme dans les semences des plantes il y a comme un petit bourgeon qui n'est autre chose que le fond & les premiers linéamens de la plante, puis qu'elle ne se dévelope qu'autant que ce point de matiere se conserve ; de même dans des œufs que la poule n'a point couvez, il y a sur le jaune une petite tâche blanche & circulaire où l'on découvre la tête, & une espéce de chaîne qui est comme la premiere ébauche des parties de l'animal : on peut bien penser qu'il en est à peu prés de même du corps humain.

Dem. Et comment reçoit-il le premier degré de sa forme sensible ?

Resp. Si nous en croyons encore de sçavans observateurs, * dans la substance des testicules des femmes

* *Malpighi.* * *Stenon, Horne.*

il y a des *vesicules* dont chacune a son envelope particuliere, & est remplie d'une espéce de lait; en un mot, dont chacune est comme un petit œuf préparé de maniere que si la semence de l'homme s'y répand, & y produit la fermentation convenable, elle en fait éclorre un petit corps organisé. Les poissons nous donnent assez d'exemples de cette espéce de production, puis qu'ils naissent tous de ce que le mâle répand la fécondité sur les œufs que la femelle perd dans l'eau.

Dem. Qu'apellez-vous fermentation?

Resp. Je donne icy ce nom au mélange de deux liqueurs, dont l'une met l'autre en mouvement & la dilate.

Dem. Que découvre-t-on dans ce petit corps qui est sorti d'un œuf de femme?

Resp. Je ne croy pas qu'on puisse espérer d'en apercevoir jamais aucun à sa sortie; mais on en peut juger encore sur ce qu'on voit dans l'œuf d'où sort un poulet. Au moment que cet œuf a esté couvé, on voit que la petite tâche blanche qui est sur le jaune s'étend & fait comme des cercles : un jour après on y remarque une humeur plus claire & plus transparente que le cristal : au troisiéme & quatriéme jour on aperçoit une petite ligne rouge, & un point saillant au milieu de l'humeur : ensuite autour d'autres points saillans on découvre quelque chose de plus épais qui forme comme un petit nuage, & qui se divise en deux parties.

Dem. Que juge-t-on de toutes ces pieces ?

Resp. On juge que le premier point est la premiere ébauche du cœur, & que les autres sont des canaux par lesquels il pousse le sang vers toutes les parties : on juge aussi que la plus grande partie du petit nuage est l'ébauche de la tête ; car on y découvre quatre vesicules qui représentent le cerveau, le cervelet & les deux yeux : le reste est l'ébauche de l'épine étenduë d'où sortent peu à peu & les cuisses & les aîles, jusqu'à ce que les entrailles ayent pris leur forme par le moyen des vaisseaux qui portent le sang & rendent le *fœtus* parfait.

Dem. N'y auroit-il pas moyen de découvrir quelque chose d'aprochant dans une femme ?

Resp. Ce qui ne se peut ni deux ni trois jours après qu'elle a conçû, devient possible un mois après ou environ. Alors on trouve dans *l'uterus* une liqueur claire & un peu visqueuse enfermée dans une membrane, toute semblable à un œuf qui n'a point de coque, & où l'on remarque les mêmes lineamens que dans l'œuf que la poule vient de couver. Dites après cela que l'œuf n'est pas le principe de toute génération.

Dem. Quelle est la partie principale dans le *fœtus* ?

Resp. Il est certain que c'est du cœur que découle la vie, puisque c'est lui qui commence à batre, & qu'il pousse de tous côtez le sang qui sortant de lui par les artéres revient à lui par les veines : mais c'est du cerveau que sortent toutes les autres parties de la machine. C'est un corps spongieux composé de fibres tres-délicates entrelassées les unes dans les autres, qui s'alonge & se répand dans l'épine du dos. En s'alongeant il pousse de tous côtez une infinité de petites fibres, dont se forment des nerfs, c'est à dire, des tuyaux propres à porter les esprits par tout le corps, & à le rendre capable des fonctions nécessaires à la vie. Les membranes dont sont composez les canaux par lesquels se fait le flux & le reflus du sang, ne sont aussi que ses envelopes alongées ; & de ces mêmes envelopes continuées de toutes parts se forment les entrailles & les muscles, les tendons, les cartilages, & enfin les os. On ne doit pas s'étonner après cela si la tête seule a plus de grosseur que tout le reste de l'embrion ; & il suffit que la proportion qui ne se trouve pas d'abord entre ses parties, s'y trouve par le dévelopement.

Dem. D'où toutes ces parties tirent-elles dequoi croître & s'étendre ?

Resp. De la matiere même qui compose l'œuf, & dans laquelle nage le *fœtus*, c'est une matiere claire &

F iiij.

blancheâtre qui le nourrit & le dévelope à nos yeux.

Dem. Ce dévelopement est-il long tems à s'achever?

Resp. C'est une affaire d'environ deux mois; au moment qu'il est achevé, le *fœtus* commence à se mouvoir; & on voit une machine avec toute la proportion de ses parties.

Dem. D'où vient qu'elle ne sort de sa prison que plusieurs mois après?

Resp. C'est qu'il est nécessaire qu'elle se fortifie, & qu'elle acquiere toute sa perfection. Comme elle doit être préparée non seulement de la maniere qu'il est à propos pour se nourrir & pour croître; mais encore d'une maniere propre à éviter tout ce qui lui est nuisible, & à se porter aux choses qui peuvent contribuër à sa conservation, je croirois volontiers que dans les derniers mois s'achevent tous les ressorts & tous les ligamens, d'où dépend la préparation des humeurs & la distribution des esprits animaux, acteurs uniques dans les passions. Il est aisé de concevoir que lors qu'elle s'est fortifiée, les liens qui l'attachent à la mere se rompent, & que par cette raison la mere n'en pouvant plus porter le poids, fait effort pour s'en décharger : c'est à dire, que tout concourt à l'introduire dans le monde. Voila l'origine & la formation de ce corps qui dans la suite des tems fait tant de fracas, qui prend tant de postures différentes, qui produit tant de mouvemens divers. C'est un peloton de tuyaux longs & courts, gros & menus, entrelassez les uns dans les autres, étendus en diverses manieres, & que l'auteur de la nature a sçû si bien & si diversement compasser, qu'en demeurant toujours tuyaux ils sont de la chair & même des os.

Dem. D'où sçavez-vous que le corps de l'homme n'est qu'un assemblage de tuyaux ?

Resp. C'est que si on le divise dans quelque partie que ce puisse être, la division ne peut être si légére qu'il n'en sorte quelque sérosité. Vous jugez bien qu'une humeur ne peut être contenuë que dans quelque petit tuyaus, & que si par tout on trouve de l'humeur, il faut que par tout il se trouve quelque tuyau. Des humeurs, & tant de tuyaux dans lesquels circulent ces humeurs, font une belle machine.

Dem. Mais est-il permis de réduire ainsi l'homme à l'état de machine?

Resp. Pour faire un homme, une machine ne suffit pas, il faut une ame unie à la machine; vous voulez bien que je parle de ces deux sortes d'êtres, séparément, & que je ne m'écarte pas icy de la Physique, qui n'a que l'étenduë pour objet. Joignons pourtant, si vous voulez, pour un moment une ame à cette machine; incontinent cette ame lui fera faire de nouveaux mouvemens : Excitée par l'orgueil, par la crainte, ou par la volupté, elle vous présentera des regards fiers ou tendres, elle aura des démarches brusques ou composées, elle prendra des tons ou plus hauts ou plus bas; elle passera de l'abatement à la saillie, d'un triste repos à la plus vive & la plus brillante agitation; & par ces différentes situations en produira de toutes pareilles dans une infinité d'autres machines, qui s'excitant ainsi les unes les autres, iront jusqu'au terme de leur durée sans laisser le tems à leurs ames de se reconnoître pour ce qu'elles sont.

CHAPITRE XII.

Circulation des humeurs. Cause des passions.

Dem. COMMENT se fortifie & s'entretient le corps humain aprés sa naissance ?

Resp. A peu prés comme devant. Ce corps est une machine qui mange. Ce qu'il y a de plus fin ou de moins grossier dans ses alimens devient une espéce de liqueur qu'on appelle *chile*, & qui tombe de l'estomac dans les veines qu'on appelle *lactées*, dont le mesentere est parsemé. De ces veines il entre dans le reservoir qu'on appelle de *Pecquet*, à cause que cet Anatomiste en fit la découverte : & s'insinüant dans le canal de ce reservoir, qui s'étend le long des vertébres ou de l'épine du dos, il arrive aux veines soûclavieres, d'où il entre dans la veine cave, & là devient un nouveau sang, qui remplace celui qui se dissipe continuellement de la masse. Vous sçavez que c'est du sang que dépend la vie & la force du corps.

Dem. Comment ce chile peut-il se purifier autant qu'il faut pour devenir un sang propre à circuler par tout le corps ?

Resp. Avant que d'entrer dans les veines lactées il tombe vers l'entrée d'un boyau, appellé *duodenum*, où il trouve une bile qui coule de la bourse du fiel, & un suc qui coule du *pancréas*. Cette bile par ses sels & ce suc *pancréatique* par ses acides le déchargent de toutes ses parties grossieres, & ne lui laissent que les *nutritives*, qui se purifient encore en entrant dans les veines lactées, où elles reçoivent des veines aqueuses, qui en sont voisines, une lymphe qui sert à les fermenter & à les rendre plus coulantes. Sans cette préparation qui se fait du chyle il y auroit à craindre qu'il ne corrompît bien-tôt toute la masse du sang.

Dem. Et comment le sang fait-il croître & vivre l'animal ?

Resp. C'est en portant par tout le corps le suc nourricier dont il est composé, & continuellement remplacé. Ce suc en circulant trouve comme des moules où il se change en petites fibres, dont se renouvellent ou s'augmentent les muscles.

Dem. Expliquez-moy, je vous prie, cette circulation.

Resp. Remarquez, premierement, que le cœur est composé de deux sortes de fibres, de droites & de spirales, d'où lui vient un double mouvement, qu'on appelle *systole* & *diastole*, dautant que par les premieres il s'élargit & se racourcit ; & par les secondes il s'alonge & se retrecit. 2. Qu'il a deux cavitez où aboutissent quatre vaisseaux, qu'on appelle la *veine cave*, la *veine artérieuse*, *l'artère veneuse*, & *l'aorte* ou grande artére. Par le *systole* il pousse le sang jusqu'aux extrémitez du corps dans les rameaux de l'aorte. Par le *diastole* il reçoit le sang de nouveau, qui lui revient par les rameaux de la veine cave.

Dem. Comment le sang entre-t-il des artéres dans les veines?

Resp. On a parlé long tems d'*anastomoses*, qui étoient de prétenduës communications que les artéres avoient avec les veines; mais les anastomoses ont vieilli: on s'est lassé de tenir le sang comme emprisonné entre les artéres & les veines; On prétend aujourd'hui que de l'*aorte* il s'insinuë jusques dans les artéres insensibles & dans les plus petits tuyaux des fibres qui composent les muscles & les membranes, d'où il entre par d'autres tuyaux imperceptibles dans les veines; c'est à dire, qu'aprés s'être divisé en un nombre innombrable de petits filets, il se réunit peu à peu dans le gros vaisseau qui le doit reporter au cœur. Par là on explique facilement la nutrition: il ne faut que supposer que le suc nourricier laisse par tout de nouvelles fibres sur son chemin.

Dem. Comment concevez-vous que le sang sort du cœur & y rentre ?

Resp. Nos yeux nous instruisent là-dessus. Il y a deux cavitez dans le cœur, séparées l'une de l'autre. La veine cave aboutit à la cavité droite. Là il y a deux valvules disposées de maniere qu'elles s'ouvrent pour laisser entrer le sang, & non pas pour le laisser sortir ; tout auprés il y a d'autres valvules disposées à contre sens, par où il entre dans la veine artérieuse qui le répand dans les poûmons, d'où coulant dans l'artére veneuse il va se décharger dans la cavité gauche du cœur où aboutit cette artére ; & à l'entrée de laquelle il y a des valvules disposées pour l'entrée & non pour la sortie, comme à la cavité droite ; c'est de là que par d'autres valvules disposées à contre sens il entre dans l'aorte & perpetuë sa circulation.

Dem. Pourquoi le sang entre-t il dans les poûmons ?

Resp. C'est qu'il a besoin du rafraîchissement qu'il y trouve. Son ardeur est si grande, que si elle n'étoit pas temperée par l'air que les poûmons reçoivent continuellement par un canal qu'on appelle *trachée artère*, la machine ne pourroit pas la supporter.

Dem. Le sang dans sa circulation ne fait-il qu'entretenir & fortifier le corps ?

Resp. Il lui fournit encore les moyens de résister à ce qui lui est contraire, & de poursuivre ce qui lui convient. Du sang en mouvement il sort continuellement des parties extrêmement déliées, qu'on appelle *des esprits animaux*, & qui s'élevent sans interruption au cerveau, où en est le reservoir, afin que de là suivant les volontez de l'ame, ou la nature des objets présens, elles se répandent comme un vent tres-actif dans tous les nerfs qui sont les liens de la machine, & lui donnent tous les mouvemens que nous lui voyons. Par le moyen des esprits elle boit, elle mange, elle avance, elle recule, elle court, elle saute, elle se tourne en une infinité de manieres. Tant de mouvemens divers supposent une distribution d'esprits, & une variété de tuyaux & de raports entr'eux dont le détail passe infiniment nos foibles intelligences.

Dem. Y a-t'il toujours assez d'esprits dans le cerveau pour produire & entretenir les agitations extraordinaires que nous voyons dans quelques personnes ?

Resp. Afin que le corps pût toujours recevoir l'air & la contenance que demandent les conjonctures où il se trouve, il y a autour de tous ses visceres, de ses arteres & de ses veines une infinité de nerfs qui se resserrent & se relâchent. Les uns se resserrent pour empêcher que les humeurs d'où se forment les esprits ne descendent en bas ; & les autres pour empêcher qu'elles ne soient poussées vers le cœur, & quand les uns se resserrent, les autres se relâchent toujours. Au moment qu'il se presente un objet d'un certain caractere, par ce relâchement & cette contraction il entre dans le cœur un surcroit d'humeurs, d'où s'élevent à la tête autant d'esprits qu'il en faut pour produire, par exemple, ce que nous appellons *fureur*. Un autre objet produira un effet contraire. A sa présence les mêmes nerfs qui s'étoient resserrez se relâcheront, & faute d'humeurs dans le cœur, le cerveau se trouvera tout à coup dépourvû d'esprits, d'où s'ensuivra la pâleur sur le visage, & l'abbatement dans toutes les autres parties du corps.

Dem. Comment la présence d'un objet produit-elle ce relâchement ou cette contraction dont vous parlez?

Resp. C'est par la communication des branches du même nerf aux entrées du cœur, aux parties intérieures & aux yeux, à la bouche & à tout le reste du visage. Ce n'est point une communication que je dévine; on l'a découverte, & elle n'est point contestée. Vous voyez bien qu'il ne se peut que le mouvement produit par l'impression d'un objet ne se communique à toutes ces branches. C'en est assez pour faire exprimer des humeurs par celles qui lient ou envi-

La Physique.

ronnent des vaisseaux.

Dem. D'où vient ce feu & cette activité qui accompagne la colere ?

Resp. De la chaleur du sang, qui alors n'est point temperé par l'air que lui communiquent ordinairement les poûmons, dautant que la même méchanique qui pousse les humeurs dans le cœur, serre le canal de la respiration, & en suspend l'usage pour le rafraîchissement des intestins. Il n'est pas nécessaire de nous arrêter davantage à cette matiere. Toutes les passions ont une même cause Physique, l'agitation des nerfs & l'émotion des esprits. Selon que les nerfs font monter les esprits à la tête, ou les laissent couler dans les autres parties, le corps prend ou un air terrible, ou une posture qui excite la compassion.

Vous pouvez donc encore vous representer tous les hommes marchans sur une même terre, se communiquant les uns aux autres mille mouvemens divers, s'excitant par leurs paroles, s'animant par leurs regards: au moment que l'air d'un visage ou l'accent d'une voix a debandé un petit reſſort dans des yeux ou dans une oreille; tout ſe regle dans les corps ſur ce premier mouvement, les animaux mêmes ſe mettent de la partie, la fureur vole, la triſteſſe ſaiſit, la fraïeur eſt répanduë; tout remuë pour établir ou pour détruire; & de tant de corps agitez il n'y en a pas un qui ne le ſoit pour ſa propre conſervation, quelque deſtruction qu'il s'en faſſe.

CHAPITRE XIV.

Cauſes generales des maladies. Remede general.

Dem. COMMENT ſe peut-il qu'une machine qui ne ſe conſerve que par des reſſorts & des liens ſi delicats, que ſont ceux du corps humain ſe conſerve auſſi long tems qu'elle fait?

Reſp. Il eſt vrai que rien ne peut être plus delicat que ces liens & ces reſſorts; mais ils ſont ſi exactement

La Physique. 141

proportionnez à leur fin, toutes les parties qu'ils font joüer, font si regulierement faites les unes pour les autres, que la machine dureroit toujours long tems, & plus long tems qu'elle ne fait dans ceux qui vivent le plus, si les hommes ne faisoient pas violence à sa construction. On sçait que tout amateurs qu'ils font de la vie, tout idolâtres qu'ils font des biens sensibles ils font tout ce qu'il faut pour détruire leur santé qui en est le fondement.

Dem. Comment la bonne disposition du corps se change-t'elle en mauvaise?

Resp. Un homme se porte bien : son sang est dans le temperament loüable ; mais il commence à manger des ragouts, à boire des liqueurs, à se remplir de tout ce qu'il trouve de plus succulent : il se fait un chile trop abondant & trop subtil, le sang ne peut pas se l'assimiler. Ce chile demeure dans les vaisseaux qui doivent le porter dans la masse du sang, il en vient de nouveau qui ne peut plus entrer dans ces vaisseaux, il se répand dans les intestins. Cependant le sang qui ne tire plus de contribution perd de sa masse, s'échauffe, & en s'enflamant ulcere les poûmons. Le chile répandu fait ravage à sa maniere : il cause des diarrhées & de cruelles dissenteries. Ajoutez que le sang échauffé & rarefié par la diminution de sa masse naturelle met encore le feu dans les parties solides, & affoiblit les nerfs, d'où s'ensuivent les vertiges & les autres symptômes de la *Phtisie*, qui consiste dans la langueur & le décharnement du corps faute de suc nourricier.

Dem. La masse du sang ne se corromp-t'elle que par des alimens peu convenables ?

Resp. Puisque le sang retournant de la cavité droite du cœur à la cavité gauche passe par les poûmons qui sont toujours remplis d'air, il ne se peut qu'il ne prenne les qualitez de cet air. Si elles sont mauvaises, voilà un sang corrompu ; le chile ne pourra plus s'y ajuster. L'un & l'autre seront des sources de tumeurs & d'inflammations dans les visceres.

Dem. Comment se forment ces tumeurs ?

Resp. Par le défaut de circulation dans la masse. Si par exemple, à chaque battement du cœur il coule trois goutes de sang dans un vaisseau, & qu'il n'y en ait que deux qui refluent, il en reste une qui croupit, & par la même cause qui l'empêche de couler la premiere fois, elle se multiplie à chaque battement suivant. De là les inflammations.

Dem. Ne pourroit-on trouver quelque remède general qui fût propre à rétablir l'économie du corps, quand elle se trouve ainsi troublée ?

Resp. La connoissance de la cause nous conduit tout naturellement à celle du remede. Nôtre corps est une machine toute construite de tuyaux grands & petits par lesquels des humeurs doivent circuler sans interruption. Si ces humeurs ne circulent pas avec liberté, si quelque chose empêche qu'elles ne se reparent à proportion qu'elles se dissipent, si elles s'arrêtent, s'il s'en détache quelque goute qui croupisse en quelque recoin, la machine va mal, & cela peut avoir des suites qui la dérangent entierement. Pour les prévenir ces suites, il faut un remede qui puisse percer jusques dans les replis des plus petits canaux, qui trouve son passage par tout, qui nétoye tout, & qui rende fluide ce qui est trop visqueux ou trop épais. Devinez ce remede, il ne faut pas aller bien loin pour le trouver : on diroit que la nature l'auroit mis exprés sous la main de tous les hommes. C'est de l'eau pure : elle passe où toute autre liqueur ne peut passer. L'experience le prouve ; elle nétoye tout, elle fait tout couler avec elle.

Dem. Comment attendre de si bons effets de l'eau qui est si cruë, si indigeste, si ennemie de l'estomac ?

Resp. Je vous dis au contraire que l'eau calcine tout, qu'elle débauche tout, qu'elle precipite tout. Voyez l'appetit de ceux qui ne boivent que de l'eau. Voyez ce que devient la viande qu'on laisse quelque tems tremper dans l'eau.

Dem.

Dem. S'il se trouve dans les canaux des humeurs grasses & oleagineuses, l'eau pourra-t'elle agir sur ces humeurs?

Resp. Je sçay bien que l'eau glisse sur l'huile & sur la graisse : mais tout n'est pas huile ou graisse dans l'humeur. L'eau détache & rend fluides les parties que l'huile avoit fixées ; & comme elles prennent leur cours avec l'eau il faut que tout suive ; & on ne peut douter que toute la masse ne se purifie par la circulation.

Resp. Mais ne pourroit-on point devenir hydropique à force de boire de l'eau ?

Resp. Ne vous imaginez pas que ce soit de l'eau qui enfle le corps d'un hidropique. C'est le suc nourricier lui-même, dont les canaux se sont rompus par le gonflement des glandules, entre lesquelles ils s'étendent. Quand ses canaux ne le peuvent plus contenir, il se répand dans les membres mêmes, il entre par tout où il trouve des passages.

Dem. Croyez-vous que l'eau ne soit pas capable de gonfler les glandules?

Resp. L'eau est trop coulante pour cet effet : ce qui les gonfle c'est la mélancholie, c'est l'intemperance, ce sont les débauches ; & loin que l'eau puisse former l'hydropisie, elle pourra guerir l'hydropique en faisant couler par en bas l'humeur qui d'elle-même n'est plus assez coulante. Mais après tout mon remede n'est que de l'eau ; remede simple & naturel qui ne coute rien, on ne croira pas aisément qu'il soit bon à quelque chose, ceux du Medecin qui prescrit le Mercure & l'Antimoine lui seront toujours preferez : c'est une étrange chose que le préjugé aussi bien par raport à la santé du corps, que par raport au bien & à la perfection de l'ame.

Dem. Ne faut-il donc que boire beaucoup d'eau, quand la machine se porte mal ?

Resp. Ce n'est pas là ma pensée. L'eau generalement est destinée à rétablir la circulation des humeurs ; mais elle n'exclut pas les remedes particuliers, dont l'experience a fait connoître l'usage dans tels ou tels accidens. Il faut porter le remede à la source par le moyen de l'eau ; mais il faut préalablement employer tel ou tel remede contre tel ou tel effet de la maladie.

Dem. Toutes les maladies ont-elles leur principe dans les humeurs ?

Resp. Il y en a plusieurs qui semblent l'avoir dans les nerfs, comme l'apoplexie, la léthargie, l'épylepsie ; mais au fond elles viennent des humeurs qui relâchent les nerfs, & ôtent presque tout le mouvement aux esprits, d'où s'ensuit l'insensibilité. Vous voyez un malade sujet aux convulsions, c'est que ses humeurs reçoivent des fermentations violentes, & deviennent un amas d'*acides*. Une corde s'enfle dans l'eau, parce que les petites parties de l'eau s'insinüant comme autant de petits coins entre les fibres de cette corde les accourcissent & les élargissent : il en est de même des nerfs, les humeurs piquantes les accourcissent en les pénétrant, & en les accourcissant tirent les parties qui y sont attachées. Voilà les causes des mouvemens convulsifs. Jugez du reme, de presentement.

CHAPITRE XV.

Esprits animaux. Cerveau.

Dem. QUELLES sont les causes des qualitez differentes de l'esprit humain ?

Resp. Ce sont les differentes constitutions des esprits animaux & du cerveau.

Dem. Comment sçavez-vous qu'il y a des esprits animaux ?

Resp. Quand la raison ne vous en découvriroit pas la nécessité, l'experience nous en apprendroit l'existance. Si nous faisons quelque effort, par exemple, avec le bras, nous voyons que nos muscles s'enflent & s'accourcissent : ils ne peuvent s'enfler que de quelque matiere tres-subtile, qui s'insinuë entre les fibres. C'est cette matiere que nous appellons des *Esprits animaux*, esprits qui tracent continuellement de nouveaux vestiges sur vôtre cerveau & sur le mien.

Dem. Comment sçavez-vous qu'ils ont cet usage ?

Resp. C'est que nous nous souvenons de ce qui nous a frappé les sens, de ce que nous avons vû, de ce que nous avons dit ou fait. Ce qui n'arriveroit pas, si l'impression ou la trace ne nous en restoit, ou n'étoit renouvellée, quand nous y envoyons les esprits ou qu'ils y passent d'eux-mêmes.

Dem. Mais comment tant de traces peuvent-elles se graver dans un espace si petit ?

Resp. Fût-il mile fois plus petit, elles s'y graveroient, vous avez vû que la matiere est divisible à l'infini. Il n'y a donc point d'espace si petit, où l'Auteur de la nature ne puisse graver ce qu'il lui plaira.

Dem Et comment se fait la disposition du cerveau qui nous fait resy souvenir.

Resp. Vous voyez que les branches d'un arbre ayant esté pliées quelque tems dans un certain sens conservent quelque facilité à être pliées de nouveau dans le même sens : il en est de même des fibres du cerveau : elles ont de la disposition à se plier dans le sens que les esprits animaux les ont pliées une fois ; & cette disposition s'augmente à proportion que les esprits y reviennent plus frequemment. * C'est aussi de là que se forment toutes les habitudes corporelles. Les esprits portez vers certains endroits du corps s'y tracent des chemins où ils ont toujours plus de facilité à passer, que par les endroits où ils n'ont point de route faite. Il arrive en cela la même chose au corps humain qu'à une machine dont on a fait quelque usage. On sçait assez qu'elle joüe plus facilement, que lorsqu'elle sortoit des mains de l'Ouvrier.

Dem. D'où dépend en general la forme du cerveau ?

Resp. Vous avez vû son origine. Avant la naissance sa conformation dépend de celui de la mere. Aprés

* *Lisez le Chap.* 17. *de l'Art de persuader, où il est traité de la memoire.*

la naissance elle dépend de celui des parens & des nourrices. Il faut que le cerveau du *Fœtus* corresponde à celui de la mere ; autrement elle ne produiroit pas un animal de même espece ; & on a assez de preuves de cette correspondance par les môles que produisent quelques femmes. Car si une femme produit au lieu d'un enfant une masse, par exemple, en forme de poire ou de grappe de raisin, c'est assurément que l'impression que son cerveau a reçûë de ces sortes de fruits a esté si forte, que le *Fœtus* tendre & délicat en a esté bouleversé par un cours d'esprits qui s'est reglé sur la trace de ces mêmes fruits. On voit naître un enfant sous la forme d'un Saint en contemplation, les bras à demi étendus, la tête penchée en arriere, & les yeux élevez vers le Ciel. Il faut bien que cette forme ait passé, pour ainsi dire, du cerveau de la mere à celui de l'enfant. La mere reçoit l'impression qui se communique à tout le corps de l'enfant ; il faut donc que toutes les parties de ce petit corps correspondent chacune à chaque partie semblable du corps de la mere par le moyen du cerveau.

Dem. Par cette raison les enfans ne devroient-ils pas toujours avoir toutes les qualitez de leurs meres ?

Resp. Il faut distinguer dans la mere des traces naturelles & des traces acquises. L'enfant reçoit les unes & les autres ; mais ordinairement il perd les dernieres au moment qu'il voit le jour. Pour les premieres, il les garde toujours. La raison de cette difference est que les traces naturelles ont comme de secretes alliances avec les autres parties du corps, alliances qui contribuënt à la conservation de ces mêmes traces, ou à leur retour si elles ont esté comme interrompuës ; au lieu que les traces acquises ne peuvent tenir contre les fortes impressions qu'un enfant reçoit des objets exterieurs à son entrée dans le monde ; à moins qu'elles n'eussent esté formées par une si violente passion de la mere, qu'elles fussent devenuës comme naturelles.

Dem. Quelles sont ces traces naturelles ?

Resp. Ce sont celles qui nous portent à la poursuite des biens sensibles, & qui font que chaque animal cherche ce qui convient à son espece.

Dem. Si en naissant on perd ordinairement les traces acquises, d'où vient qu'il n'y a presque personne qui n'ait quelque foiblesse particuliere ?

Resp. C'est que la mere remplace bientôt ces traces par ses discours & ses exemples, c'est que le pere sçait aussi en faire naître de nouvelles ; c'est que la nourrice en est une source féconde. Un cerveau tout frais & tout tendre reçoit entre ses mains des impressions qui souvent décident du caractere particulier de l'esprit : mile causes concourent dans la suite à le rendre hardi, foible, stupide, superstitieux, visionnaire, curieux de bagatelles, &c.

Dem. D'où se forme l'esprit hardi ?

Resp. D'une constitution de cerveau ferme, & d'esprits animaux très-abondans & très-agitez. Les traces produites par le concours de ces deux causes sont constantes, toujours renouvellées ; & par conséquent toujours propres à animer la confiance en soy-même.

Dem. D'où se forme l'esprit foible ?

Resp. D'esprits animaux peu agitez & d'un cerveau où les traces ne s'impriment que foiblement. L'ame par cette raison peu touchée des objets, ne veut rien avec fermeté, & quitte toujours volontiers un objet pour un autre. Les premiers remplis du sentiment secret qu'ils ont de leur force, produit par l'abondance du sang, de la bile & des esprits, hazardent tout, entreprennent tout : ils esperent où il n'y a nulle raison d'esperer. Les autres presque dénuëz d'esprits, & accablez de flegme & de melancholie, ne se jugent capables de rien, n'esperent rien, tremblent toujours ; & pour justifier leur crainte s'abandonnent souvent à la tristesse, ou à l'envie, & quelquefois au desespoir ; dautant que leurs esprits grossiers & solides comme ils sont à cause de la matiere épaisse dont ils se forment, ne sçavent plus s'apaiser quand ils font une fois en mouvement.

Dem. D'où se forme le stupide ?

Resp. D'une disette extraordinaire d'esprits, si ce n'est d'un cerveau ou si mou, que tout ce qui s'y imprime se dissipe sur le champ, ou si dur, que les esprits n'y gravent rien.

Dem. D'où se forme le visionnaire ?

Resp. D'un rayonnement d'esprits qui se portent de côté & d'autre, & qui appuyant fortement trouvent un cerveau disposé à retenir toute l'impression qu'ils y font : L'ame voit alors comme présens & actuellement existens les objets qui répondent à ces impressions : elle croit voir ce qui n'est point, & elle ne peut se détromper. Rien n'est plus dangereux que le commerce de ces sortes de personnages pour ceux qui n'ont pas le cerveau ferme, pour le commun des femmes, pour les enfans : ils parlent d'un stile & avec des mouvemens qui produisent dans les autres un pareil cours d'esprits qu'en eux-mêmes, & des impressions toutes semblables dans le cerveau. Tous alors tombent d'accord sur un même fait imaginaire ; & se soutenant les uns les autres dans leur vision, jugent que ceux qui ne voyent pas comme eux ce qui n'est point, sont des opiniâtres & des insensez. C'est de là que sont venuës toutes ces opinions d'esprits nocturnes, & de gens qui vont au sabat : pures chimeres d'une imagination échauffée.

Dem. Comment l'imagination fabrique-t-elle un sabat ?

Resp. Représentez-vous que par un cours fortuit & irrégulier les esprits ouvrent dans un cerveau, icy une partie de trace, & là une partie d'une autre trace, que la même chose se fait sur diverses sortes de traces ; & que le tout a raport à un certain lieu dont la trace est dominante. Voila un sabat dans les formes, peuplé de monstres & de personnages singuliers. Il y entrera, par exemple, des Centaures, si dans l'agitation du cerveau, une moitié de trace d'homme & une moitié de trace de cheval viennent à s'ouvrir en même temps, &c.

Dem. Mais ne nous détrompons-nous pas sur nos songes ? Pourquoi celui dont vous parlez ne se détrompe-t-il pas aussi ?

Resp. Vous ne songez pas si vivement, il s'en faut bien ; mais de plus, si vous vous détrompez si facilement, c'est que vous voyez que ce que vous avez songé n'a nulle liaison avec les affaires du jour : au lieu que nôtre visionnaire regarde les affaires du sabat comme des affaires à part ? & si celles du jour si ajustoient, ce lui seroit peut-être une raison pour se détromper.

Dem. N'y a-t-il de visionnaires que ceux qui croyent aler au sabat ?

Resp. Il y en a d'une infinité d'espéces & dans une infinité de dégrez, puis qu'ils le sont toujours ou par l'abondance, ou par la disette des esprits, & par la force, ou la délicatesse des fibres du cerveau, où il y a du plus & du moins à l'infini.

Dem. Comment contracte-t-on leurs visions ?

Resp. Un homme de telle constitution de cerveau entend un souffleur, par exemple, parler de sa pierre philosophale, ou un Astrologue parler de la vertu de ses combinaisons, l'air & le mouvement de ces deux personnages le frapent : il s'imagine aussi-tôt voir son fer changé en or ; & les astres répandre leurs influences sur nous, & selon leurs differens aspects nous accabler ou de maux ou de biens : il s'en fait alors un spectacle digne de lui ; & surpris agréablement de voir que les autres ne voyent pas des objets qui lui sont si sensibles, il ne s'aplique plus qu'à faire sentir par ses raisonnemens, qu'il est homme d'un génie privilegié. Un autre entendra Van-helmont faire de l'esprit animal un *Archée* qui désole ou rétablit nos corps selon les espéces diverses dont il reçoit l'impression ; la nouveauté de la pensée le frape, le voilà gagné ; il trouve dans l'*Archée* prétendu le denouëment de la Medecine & toute la science du Medecin. Parlez devant cet homme, médailles, porcelaines, fleurs, peintures, coquillage animez le discours. D'abord voilà un nouveau Curieux, il se met à la poursuite des médailles ; à quelque prix que ce soit il en aura. Les porcelaines ne l'occuperont pas moins, le mélange du blanc & du bleu sera son charme. Les peintures deviendront son souverain bien, il ne trouvera de l'éclat que dans les Tableaux enfumez. Les fleurs seront sa tendre passion, il ne trouvera de main heureuse que celle qui les cultive. Un Cabinet de coquilles sera un Paradis pour lui. Voici venir un superstitieux ; il trouve une imagination de même trempe que la sienne, c'est à dire, un cerveau moû & humide, des esprits lents & massifs, combien de frayeurs reçoit l'auditeur sur des objets chimériques, & combien de tendres mouvemens sur des idées extravagantes ! En un mot, il ne faut qu'une imagination déréglée pour établir dans une infinité d'autres, les frivoles curiositez, les vaines sciences & le faux culte.

Dem. Qu'est-ce qui rend un homme tout à fait fou ?

Resp. C'est un bouleversement de traces, ou un cours d'esprits tellement irrégulier, que les objets se présentent à l'esprit en confusion, & d'une manière si vive, que la langue & l'action vont continuellement comme la pensée sans nul ordre ni nulle régle : il y a pourtant des foux qui ne doivent leur folie qu'à une seule trace ; mais si spacieuse & si profonde, qu'ils croyent être eux-mêmes ce que cette trace représente, Cocqs, foin, fromage, &c. Et si avec une pareille trace le sang vient à s'échauffer extraordinairement, il y aura tel qui dans l'ardeur de ses accés sortira la nuit, courra les ruës, ira sur les grands chemins, attaquera les passans, & mettra l'alarme dans le païs : ce sera un *Loupgarou*. Il est dangereux de le rencontrer ; mais on ne contracte point sa maladie. On en voit assez les raisons.

Dem. Et le génie heureux d'où se forme-t-il ?

Resp. D'un cours d'esprits toujours régulier, & de traces d'une juste mesure. L'ame affectée à proportion ne va jamais à l'excez, & voit chaque chose dans son état naturel. Heureux véritablement celui en qui la mere & les nourrices n'ont point laissé de méchantes impressions !

Dem. En quoi consiste l'Esprit fin & délicat ?

Resp. Dans une disposition de cerveau à qui rien n'échape, qu'un tour d'expression saisit, où l'air & les manieres s'impriment plus que les choses mêmes. Cette disposition fait tout peindre au naturel, & toujours avec des traits marquez & insinuans. Enfin c'est de la constitution du cerveau que dépend le bon ou le mauvais tour de l'imagination, qui n'est autre chose que la faculté qu'a l'ame de se remplir de vrayes ou de fausses idées par raport aux traces du cerveau, & de quitter le païs de la vérité pour se transporter dans celui des chimeres.

CHAPITRE XVI.

Sens extérieurs.

Dem. QUELLES sont les causes de nos sentimens dans l'usage des objets qui nous environnent ?

Resp. Ce sont les divers ébranlemens d'une infinité de petits filets que les nerfs répandent dans toutes les parties du corps. Ces nerfs, comme vous avez vû, ont leur origine dans le cerveau, quand l'impression d'un objet se transmet jusques-là, nous avons toujours un sentiment par raport à cet objet.

Dem. Comment se fait cette distribution ?

Resp. Elle se fait par conjugaisons ou par paires, dont l'une va à droite, & l'autre à gauche. Il y en a dix paires, dont la premiere se répand pour l'odorat : la seconde & la troisiéme pour la vûë : la cinquiéme & la sixiéme pour le goût :

la septiéme pour l'ouïe, &c.

Dem. Quelles sont les causes de leurs divers ébranlemens ?

Resp. Ce sont les differentes tissures des superficies des corps, & les differentes configurations de leurs parties intérieures. C'est de là que vous tirez la perception du chaud, du froid, du sec, de l'humide, &c.

Dem. Qu'est-ce qui fait qu'un corps est froid ?

Resp. C'est le repos des petites parties qui le composent, ou du moins une agitation beaucoup moindre dans ses parties, que dans celles du corps qui le touche. C'est pourquoi ce qui me semble froid pourra vous sembler chaud, si les humeurs qui circulent dans vôtre main, ont beaucoup moins de mouvement, que celles qui circulent dans la mienne. C'est aussi par cette raison que ce qui n'est pas froid sur la main l'est souvent sur l'estomac ; & vous éprouverez cette difference sur la même partie en divers tems par raport au même objet. Il faut raisonner du chaud à proportion.

Dem. Qu'est-ce qui fait qu'on a un sentiment de sécheresse ?

Resp. Ce sont des parties terrestres dégagées des parties aqueuses. De la boüe, par exemple, devient séche, & du bois verd devient sec, quand les parties de l'eau qui entouroient les parties de la Terre & du bois s'évaporent. Alors vous sentez du sec selon la transpiration qui se fait actuellement dans vôtre corps. Car une main qui suë & une main qui ne suë pas, ne trouvent pas même dégré de sécheresse dans les corps secs qu'elles manient. Il faut raisonner de l'humide à proportion.

Dem. D'où vient le sentiment de pésanteur ?

Resp. De ce que le corps que vous touchez a des parties fort comprimées par la matiere subtile, qui ne trouve que peu de passage dans les entrelassemens de ces parties ; mais ce qui est dur pour des doits foibles dont les fibres sont délicates, souvent ne l'est pas pour de bons doits bien massifs, & dont les fibres sont fermes. Les corps s'amolissent

La Physique. 165

sous de tels doits, & pour un sentiment de *dur* on en a un de *moû*.

Dem. D'où vient celui qu'on a de *rude* ?

Resp. De la superficie raboteuse d'un corps. Mais si la main qui le touche est raboteuse elle-même, elle pourra bien trouver doux ce qui semble rude à un autre. Tout cela fait assez voir, qu'il n'y a rien de chaud ni de froid, de dur ni de moû par soi-même, mais seulement que les corps prennent ces différentes qualitez selon le raport qu'ils ont avec l'etat où se trouve actuellement le nôtre. Aussi quoi qu'il n'y ait que du plus & du moins dans les impressions qu'il en reçoit, nous avons des sentimens essentiellement differens par raport à ces mêmes corps ; parce que si d'une part il ne peut y avoir que du plus & du moins dans leurs modalitez ou façons d'être ; de l'autre nos sensations ne tendent pas à nous en faire connoitre la nature, mais seulement à nous convaincre des raports qu'ils ont avec le nôtre pour la conservation de la vie.

Dem. Et ce qui est bon pour le goût & l'odorat d'où dépend-il ?

Resp. Précisément encore des configurations & de la grosseur des parties du corps que vous goûtez ou que vous flairez, & de la proportion qu'elles ont avec les fibres de vôtre langue ou de vôtre nez. Si les parties de ce que vous goûtez ont comme de petites pointes, vous avez un sentiment *d'aigre* ou de *salé* : si elles sont comme émoussées, vous avez un sentiment de *doux* ; mais bien entendu que vos fibres ne soient pas émoussées elles-mêmes : Car si elles l'étoient, vous ne distingueriez pas trop bien ce qui est doux d'avec ce qui est salé.

Dem. D'où vient qu'entre les objets du goût l'un aime si souvent ce que l'autre n'aime point ?

Resp. C'est que dans l'un la disposition du cerveau est telle que ses nerfs reçoivent de tel ou tel objet des ébranlemens differens de ceux que l'autre reçoit : disposition qui a pour cause l'exemple, l'éducation, ou quelque impression forte qu'on a reçûë ; & d'où l'on peut connoitre encore que les corps ne sont bons ou mauvais que selon les raports qu'ils ont avec le nôtre.

Dem. Mais est-il bien certain que les nerfs soient les organes du sentiment ?

Resp. On n'en peut pas douter, puis qu'on voit que si les nerfs se relâchent dans quelque partie du corps, on n'éprouve nul sentiment dans cette partie, par cette seule raison, qu'à cause de ce relâchement l'action des objets ne peut être portée jusqu'au cerveau.

Dem. Pourquoi donc éprouve-t-on des sentimens dans des parties qu'on n'a plus, dans une main qui a esté coupée, dans un pied qu'on a perdu ?

Resp. Cette partie ne tient plus au corps ; mais les nerfs qui avoient liaison avec elle y tient encore ; & il se peut que le sang venant à se fermenter, & les esprits animaux à se répandre, ce nerf soit ébranlé de la même maniere, que lors que la partie lui estoit attachée. Si cela arrive, il faut que ces nouveaux ébranlemens soient suivis de sentimens pareils à ceux qui suivent telle ou telle constitution de pied ou de main qu'on a encore. Car la nature va toujours son train ; & les mêmes mouvemens dans le cerveau seront toujours accompagnez des mêmes sentimens dans l'ame.

Dem. Combien de choses avons-nous donc à considérer dans chaque perception ?

Resp. Quatre choses, qui sont l'action de l'objet, la passion de l'organe ; la passion de l'ame, & le jugement qu'elle fait de l'objet.

Dem. Ces quatre choses sont-elles également nécessaires pour la conservation de la vie ?

Resp. Comme c'est par les deux premieres que la machine reçoit tous les mouvemens qui l'approchent ou l'éloignent, il n'en faut pas davantage que ces deux pour la conservation des animaux. Mais les deux autres ; c'est à dire, la perception même & le jugement qui la suit dans les impressions que nous recevons des objets,

objets, nous sont absolument nécessaires pour plusieurs raisons. L'ame est destinée à veiller sur le corps, elle y est en épreuve : il faut donc qu'elle soit avertie de tout ce qui s'y passe, & elle ne le peut être que par le sentiment. Si parce que l'ame a des perceptions on vouloit que les animaux en eussent aussi, je demanderois si l'on a jamais vû chien ou cheval qui eût quelque sentiment sur ce que nous apellons *beauté*. Nous voyons qu'ils courent assez après ce qui peut les nourrir, & qu'ils n'évitent pas trop mal le bâton qui les menace ; mais on n'a jamais remarqué qu'aucun ait suivi jamais sa maîtresse pour sa beauté, ou fui son maître à cause de sa méchante mine. Cependant la beauté est touchante, elle nous fait naitre des sentimens tres-vifs ; pourquoi si les animaux n'ont pas ceux-là, veut on leur en attribuër d'une autre espéce ? Nous alons encore mieux voir en parlant du son & de la vision, qu'ils ne sont point capables de tout ce qu' le préjugé s'opiniâtre à leur attribuër.

Tome II.   H

CHAPITRE XVII.

Le Son.

Dem. Comment définissez-vous le son ?

Resp. Je le définis une sensation produite dans l'ame en conséquence des secousses que reçoit le tambour de l'oreille, secousses qui répondent ordinairement à celles des parties de l'air qui agissent sur ce tambour.

Dem. Qu'appellez-vous le tambour de l'oreille ?

Resp. On a donné ce nom à une petite membrane qui est au fond de l'oreille, entourée d'un petit nerf, qui la bande selon qu'on veut être attentif. Au moment que le jour a dessillé les yeux de toutes ces machines vivantes qui habitent la Terre, le besoin qu'elles ont les unes des autres leur fait faire une infinité de divers mouvemens, qui produisent dans l'air l'agitation d'où résulte tout le bruit que vous entendez.

Dem. D'où vient la différence des sons ?

Resp. De divers tremblemens de l'air. Quand il reçoit des secousses soudaines, le son est tres-aigu : quand il n'en reçoit que de lentes, le son est grave, parce que tout se passe à proportion dans nos organes.

Dem. Comment plusieurs cloches ensemble produisent-elles differens sons ?

Resp. Suivant la fonte, le poids & la grosseur d'une cloche, ses parties tressaillent diversement sous le battant. Les secousses de l'air répondent à celles des parties de chaque cloche qui voltige dans l'air : il ne faut que sçavoir accorder l'une avec l'autre.

Dem. Et le bruit qui part d'un tambour comment se fait-il ?

Resp. Sur le mouvement que l'air qui est dans le tambour reçoit du roulement des baguettes, & qu'il communique selon toutes les mesures des baguettes, à l'air qui environne le tambour.

Dem. La maniere dont se fait entendre le haubois a-t-elle quelque chose d'aprochant ?

Resp. L'air qui est dans le haubois communique de même à l'air dont le haubois est entouré les secousses qu'il reçoit par les mouvemens de la langue qui bat sur l'anche. Il en est de l'orgue à peu prés comme du haubois. L'air que les soufflets fournissent au sommier est poussé dans les tuyaux, & y reçoit diverses secousses par le moyen du clavier, comme l'air qui sort des poûmons en reçoit par les battemens de la langue. Le son même qui vient du violon n'a pas un autre principe. Sur les mouvemens de l'archet on fait faire divers tressaillemens aux cordes qui font comme bouillonner l'air autour de nous.

Dem. Comment se réglent les differens tons que l'on nous fait entendre dans la Musique ?

Resp. Ils ne se peuvent régler que sur les raports que l'on conçoit entre les nombres. C'est par cette raison, qu'on dit pour exprimer ces tons, quarte, quinte, octave, tierce, mineure, diton.

Dem. Comment s'y prend-on pour régler ces tons sur les nombres ?

Resp. On prend un instrument, par exemple, & après avoir touché une corde entiere, on la divise par la moitié en mettant le doit dessus. Il ne faut pour avoir *l'octave*, que toucher l'une ou l'autre des parties de cette corde. Je conclus de là, que l'octave est comme deux à un, ou comme quatre à deux. Pour avoir la *quinte* il ne faut que toucher la corde entiere, & ensuite les deux tiers. De là je conclus que la *quinte* est comme trois à deux. Pour avoir la *quarte*, il ne faut que toucher la corde entiere, & ensuite les trois quarts. De là je conclus que la *quarte* est comme quatre à trois. L'octave comprend la quinte & la quarte. La quinte comprend le diton & la tierce mineure. Voici comment. L'octave est comme quatre à deux. Ce raport est le même que celui de quatre à trois qui fait la quarte, joint à celui de trois à deux qui fait la quinte. La quinte est comme deux à trois. Ce raport est le même que celui de quatre à six. Le raport de quatre à cinq fait le diton ; le raport de cinq à six fait la tierce mineure. Ces deux derniers raports valent sans doute celui de quatre à six, & ne peuvent valoir davantage. Combinez bien vos tons sur ces raports, accordez vôtre instrument ; prenez ses cordes, ou poussez-les par le clavier. Voila du son & de l'harmonie.

Dem. Et pour chanter comment fait-on ?

Dem. On repousse selon les raports qu'on a conçûs, l'air qui entre dans les poûmons à mesure qu'il sort de la respiration, la langue par ses mouvemens lui donne diverses secousses selon ces mêmes raports ; son mouvement se communiquant à l'air qui est à la ronde parvient jusqu'à nos oreilles, & nous entendons chanter.

Dem. Ne pourroit-il pas y avoir autant de tons qu'on peut faire de divisions d'une corde d'instrumens ?

Resp. Tout autant. Cela va à l'infini : mais il seroit fort inutile de les vouloir multiplier, puis qu'ils ne seroient pas sensibles : aussi les Musiciens se contentent-ils de *ut*, *re*, *mi*, *fa*, &c.

Dem. Croyez-vous qu'ils songent toujours à mettre des raports exacts dans leurs sons ?

Resp. Ils ne réüssiroient pas s'ils avoient sur cela une exactitude scrupuleuse. L'imagination leur est d'un plus grand usage, que les régles pures de l'art. Il faut souvent pour des gens comme nous des tons hardis & irréguliers, parce qu'à tous momens nôtre goût change selon les differentes émotions des esprits en nous.

Dem. Se trouve-t-il toujours entre les sons les mêmes raports, qu'entre les divisions de chaque corde d'instrumens ?

Resp. Il ne peut y avoir que du plus & du moins dans les divisions d'une corde : elles se mesurent exactement. Les sons ne se mesurent point, & souvent ils sont essentiellement differens. Il ne faut donc pas s'imaginer qu'il y ait entre ces choses la même proportion qu'entre la cause & ses effets. Car la cause réelle des sons est dans la main même qui a créé l'ame. Les mouvemens d'une corde ou d'une voix ne sont que des causes naturelles, en conséquence desquelles la véritable cause agit en nous.

Dem. Comment une corde qu'on pince produit-elle dans l'air les mouvemens, d'où s'ensuivent les sons ?

Resp. Quand je pince ou quand je tire à moi une corde d'instrumens de Musique, de droite qu'elle étoit je la rends courbe ; & quand je la quite elle devient alternativement droite & courbe, comme il arrive à la langue quand on chante : dans ce changement alternatif les parties qui la composent, s'alongent & se racourcissent fort promtement : elles font donc un grand nombre de vibrations. C'est par ces vibrations, tout imperceptibles qu'elles sont à nos sens, qu'une corde remuë l'air, dont elle est environnée, & même le plus subtil qui pénétre ses pores.

Le mouvement de cet air se communique de proche en proche, il arrive jusques à vous, comme je vous ay déja marqué, & ranimant ses tremblemens dans les contours de vôtre oreille, où il s'insinuë comme dans un cornet, il bat sur le tambour qu'il y trouve selon les vibrations de la corde à laquelle il doit son mouvement. Représentez-vous donc icy une Musique de cent Musiciens. Un d'eux au milieu de la Troupe mesure l'air qu'ils doivent repousser ; chacun donne à cet air mile secousses differentes : ce même air entre selon tous ses tremblemens dans toutes les oreilles qu'il rencontre ; & au moment qu'il leur fait autant d'impressions qu'il en a reçû lui-même, l'ame se trouve comme enchantée par autant de sentimens qu'elle reçoit tout à la fois. Au milieu de tout cet air en mouvement placez un animal à quatre piez : il se passera dans son cerveau tout ce qui se passe dans le vôtre ; cependant observez sa contenance, & jugez, si le concert est agréable pour

H v

lui, assurément il ne peut ne s'y pas plaire que faute de sentiment.

Dem. D'où vient cet agrément que nous y trouvons ?

Resp. De l'ordre & des proportions qui sont gardées entre les tons. Il ne se peut qu'une ame faite pour connoître & suivre l'ordre, ne se plaise par tout où elle le sent. Les animaux faits pour la Terre n'ont nul interêt à le connoître : ils n'ont donc point en eux le principe qui le découvre, ni par conséquent le sentiment qui ne se peut trouver qu'en ce principe. L'agrément d'un concert est encore augmenté par ces saillies qui surprennent l'ame, & qui l'enlevent tout à coup, ou la tiennent comme en suspens : par là elle entre dans un certain desordre de pensées, où elle croit entrevoir le bien sur lequel elle est toujours en inquiétude.

Dem. Ne voyons-nous pas que les chevaux ne sont pas moins sensibles que nous au son de la Trompette ?

Resp. Le son d'une Trompette est

assez perçant pour faire impression sur le sang qui circule dans un cheval. Ce sang produit incontinent des esprits qui ne peuvent manquer de produire dans la machine des mouvemens par raport à l'objet qui les a fait naître. Voila toute la cause du hannissement & de la fierté d'un cheval au son de la Trompette : il n'est point nécessaire que le sentiment s'en mêle.

Dem. Marquez-moi maintenant, je vous prie, pourquoi un luth qu'on ne pince point, agit sur mes oreilles comme celui qu'on pince dans l'air qui les environne tous deux ?

Resp. Quand deux cordes sont également tenduës, & de longueur & de grosseur égales, les vibrations qu'on donne à l'une en la pinçant, poussent l'air vers l'autre ; & produisent ainsi en elle un ébranlement sensible, qui se communique comme celui de la premiere au tambour de vôtre oreille.

Dem. Pourquoi mettez-vous ces conditions, *également tenduës*, *de longueur & de grosseur égales* ?

Resp. C'est que sans elles les cordes ne peuvent faire leurs vibrations en tems égal : le mouvement de l'une empêche celui de l'autre ; & si la première pousse l'air vers vous, la seconde le renvoye vers moi. Ces mouvemens contraires sont l'effet naturel de l'inégalité de tension, de longueur & de grosseur, comme l'accord des vibrations est l'effet de l'unisson.

Dem. L'égalité de tension ne pourroit-elle point suffire pour ébranler deux cordes l'une par l'autre ?

Resp. Elle le pourroit ou ne le pourroit pas, selon la proportion réciproque de la grosseur & de la longueur de l'une & de l'autre avec la tension : si elles s'ébranlent, l'ébranlement sera plus sensible dans l'octave que dans la quinte ; & plus sensible dans la quinte que dans la quarte ; parce que dans l'une & dans l'autre tension elles approchent plus de l'unisson, & recommencent plus leurs vibrations dans le même instant.

Dem. Tous les hommes entendent-ils les mêmes sons ?

Resp. Peut-être que tous entendent les mêmes tons & les mêmes consonances ; mais comme il n'y en a pas deux qui ayent précisément le même goût sur les mêmes viandes, à cause de la diversité des fibres : il n'y en a pas deux aussi qui entendent les mêmes sons, parce qu'il n'y a pas deux oreilles dont les tambours soient précisément de même grandeur, de même épaisseur, de même figure, & également tendus.

CHAPITRE XVIII.

La maniere de voir les objets.

Dem. EXPLIQUEZ-MOY, je vous prie, comment nous voyons d'un simple regard tant d'objets autour de nous ?

Resp. Représentez-vous d'abord le Soleil poussant continuellement sa matiere qui est autour de lui dans toute l'étendue de son tourbillon. Par là vous apercevrez des rangées innombrables de petites boules qui s'étendront de toutes parts en ligne droite. Placez un œil au milieu de divers objets sur le chemin de ces boules, les unes le fraperont directement, & les autres par réfléxion. Par les premieres il recevra la lumiere elle-même un grand éclat confus : par les dernieres il recevra les images des objets qu'elles lui peindront sur son fond.

Dem. De quoi l'œil doit-il être composé pour recevoir ainsi l'impression des objets ?

Resp. Il faut qu'il contienne diverses humeurs, & qu'il y ait un nerf qui s'étende au fond comme une peau qui le tapisse. Par les humeurs les rayons se rompent de la maniere qu'il faut pour peindre les objets ; & le nerf étendu leur sert de toile pour cet effet.

Dem. Comment se fait le mouvement d'où dépend cette peinture ?

Resp. Tout étant plein, comme vous avez vû, il est certain que la matiere est resserrée dans l'espace du monde corporel, comme une portion d'air, par exemple, est renfermée dans un balon. Or si nous considérons ce qui arrive à ce balon lors qu'on le perce d'un coup d'épingle, nous verrons que toutes les parties de l'air qu'il renferme tendent à sortir par ce trou, dautant que tout corps qui se meut, tend du côté qu'il est le moins poussé : mais si aprés avoir fait ce trou, on le referme avec l'épingle, d'abord toutes les parties qui tendoient à sortir, rebondissent en arriere, & font une infinité de cônes, dont le sommet est au trou, & les bases de tous côtez dans le balon : de sorte que si l'on ôte & si l'on remet continuellement l'épingle dans le trou, il se fait une tension & un rebondissement continuel de ces mêmes parties. C'est ainsi que se répand la lumiere : elle a un mouvement subit, qu'on ne peut, ce me semble, mieux nommer que *pression* ; & en rebondissant à la rencontre des corps, elle forme des cônes, dont le sommet est à chaque point de l'objet, & les bases dans nos yeux.

Dem. Et la variété des couleurs

d'où dépend-elle ?

Resp. De la diversité qui se trouve dans la tissure de la superficie de chaque objet, tissure qui fait bondir diversement la matiere qui la frise. Ce mouvement pourroit bien, ce me semble, s'appeller *vibration*, mouvement subit comme la *pression*.

Dem. Mais peut-il y avoir du mouvement qui ne soit pas successif ?

Resp. L'expérience vous l'apprend assez. Ouvrez les yeux, & dites-moy, si au moment que vous les ouvrez, vous ne voyez pas un nombre infini d'objets à toutes sortes de distances.

Dem. Ne pourroit-on point dire que c'est que déja les rayons sont parvenus à moy avant que j'ouvre les yeux ; & qu'ils ne font qu'attendre, pour ainsi dire, le moment que j'ouvre pour entrer ?

Resp. Ils sont à la porte de vos yeux, j'en conviens ; mais je soutiens qu'ils y sont venus au même instant que le corps lumineux a regardé cet espace où vous êtes. Si vous en doutez, couvrez un objet, & trouvez moyen d'ôter de loin tout d'un coup ce qui le couvre, & vous verrez si vous n'apercevrez pas au même instant cet objet : mais pour vous épargner des expériences inutiles, je dis que si le mouvement par lequel la lumiere vient à nous, étoit successif, nous ne verrions jamais de deux plans différens un même objet. En voici la preuve. Un corps ne peut être mû en même tems & de la même maniere vers deux côtez différens. Donc si les rayons qui partent de chaque point d'un objet ont vers un plan, par exemple, le mouvement circulaire, ils ne pourront avoir le même mouvement vers un autre plan ; & par conséquent l'objet ne pourra être aperçû. Or on sçait qu'un même objet se fait voir de quelque plan qu'on le regarde. Donc les couleurs, à la faveur desquelles nous voyons les objets, ne se font point par le mouvement successif, mais par le bondissement subit & continuel des rayons qui bondissent diversement selon les differentes tissures des superficies qui les rejettent vers nos yeux.

Dem. Si la lumiere est répanduë de toutes parts par un mouvement subit, comment ne la voyons-nous pas toujours, lors mêmes que la Terre se trouve entre nous & le Soleil ?

Resp. C'est que lors que la Terre nous cache le Soleil, la pression ne se fait point vers nos yeux. Les rayons qu'ils devroient recevoir donnent contre la Terre, & les autres s'élevent vers la circonference du tourbillon, ils nous passent au dessus des yeux.

Dem. L'air dont nous sommes envelopez ne cause-t-il point de changement dans les rayons qui se répandent sur la Terre ?

Resp. Ils souffrent dans leur passage une petite refraction ; c'est à dire, qu'ils quittent la perpendiculaire à leur entrée dans le milieu : ils en font encore autant s'ils viennent à rencontrer de l'eau sur leur chemin ; & encore autant quand il s'y trouve du verre ; mais cela n'empêche pas qu'ils ne passent librement à travers tous ces corps, qu'on apelle par cette raison *transparens*. Si vous voulez sçavoir les effets des réfractions, il y a des Livres d'Optique où il en est fort bien traité.

Dem. Mais comment apercevons-nous dans l'eau & dans le verre les objets qui ne sont qu'autour ?

Resp. Nous les apercevons, parce que les rayons qui passent au travers du verre & de l'eau sont renvoyez vers nos yeux par un corps opaque qu'ils rencontrent sous l'eau ou sous le verre : & nous jugeons que les objets sont dans le verre ou dans l'eau à la même distance que nous les voyons autour, parce que l'angle de réfléxion est égal précisément à celui d'incidence. Mais je ne dois vous faire voir ici que la maniere dont l'ame aperçoit les objets ; vous trouverez encore sur le rayon réfléchi & les effets des miroirs, des écrits excellens.

Dem. Quelle est donc nôtre maniere d'apercevoir les objets ?

Resp. Au moment que le nerf du

fond de nos yeux est ébranlé, nous apercevons les objets qui nous environnent, non pas tels qu'ils sont en eux-mêmes, mais selon le raport qu'ils ont avec nos corps.

Dem. Comment sçavez-vous que la perception dépend de l'ébranlement de ce nerf ?

Resp. C'est que si j'entre dans un lieu obscur, & que je presse avec le doigt le coin de mon œil sur l'endroit où s'étend le nerf optique, d'abord j'aperçoi une grande lumiere du côté opposé à celui où mon œil est pressé. De là, je dois, ce me semble, conclurre, que c'est par une pression semblable que les corps lumineux agissent sur ceux qui les environnent, & par eux sur nos yeux. Car en pressant l'œil en dehors avec le doigt, je presse en dedans le nerf optique contre une humeur qu'on appelle *vitrée*, humeur qui résiste un peu ; & justement ce nerf reçoit un semblable pressement à la présence d'un corps lumineux, dont les rayons passent par la prunelle & les parties transparentes de l'œil.

Dem. Ne faut-il pas sçavoir les raports que les objets ont avec nous, pour les apercevoir selon ces raports ?

Resp. Si cela étoit nécessaire nous ne pourrions jamais apercevoir aucun objet. C'est un détail infini. L'auteur de la nature y a pourvû. Nous n'ouvrons pas plutôt les yeux qu'il nous donne sur les objets tous les sentimens que nous nous donnerions à nous-mêmes, si nous pouvions nous modifier, & régler nos perceptions par la connoissance de l'Optique la plus divine pour le bien de nos corps. Les enfans & les stupides ont en cela le même avantage que les Philosophes : ils aperçoivent comme si avant que d'apercevoir ils avoient tres-exactement & tres-à propos raisonné.

Dem. Donnez-moi quelque exemple de cette perception, où il y a tant de raisonnement ; qu'aucun de nous n'a jamais fait ?

Resp. Tous les objets que nous voyons sont peints renversez sur le fond de nos yeux & sur nôtre cerveau ; cependant nous les voyons dans leur situation naturelle. Il faut donc que nous recevions la perception qui est liée à l'image & à la trace, comme si nous nous la donnions à nous-mêmes en faisant ce raisonnement. Les lignes qui partent de la partie haute de l'objet se projettent sur la partie basse de l'œil : & celles qui viennent de la partie basse se projettent sur la partie haute. Donc je dois me représenter le haut de l'objet où est le bas de l'image ; & le bas du même objet, où est le haut de la même image. Il est nécessaire que tout se passe ainsi en nous, parce qu'il est utile au corps que nous apercevions les objets dans leur situation naturelle.

Dem. Cette maniere de raisonner ne nous est-elle point quelquefois une occasion d'erreur, dont il ne revienne aucun bien à nôtre corps ?

Resp. Nous y sommes souvent trompez ; mais il suffit qu'il ne nous en revienne aucun mal. Rien alors ne doit empêcher que l'action de l'auteur de la nature ne soit uniforme en nous.

Dem. Quelle est la régle de cette action?

Resp. Ce sont les images qui se tracent au fond de nos yeux, & les changemens qui arrivent à nôtre corps. Ces changemens réglent presque tout. Par eux vous voyez quelquefois tout le contraire de ce qui se passe dans vos yeux, & quelquefois parce que rien ne change dans vôtre corps, vous voyez au dehors ce qui n'est point.

Dem. Donnez moi quelque exemple de ces deux cas?

Resp. Quand vous vous promenez dans le Cours, les arbres par le mouvement de vôtre corps changent continuellement de place dans le fond de vos yeux. Cependant ils vous paroissent immobiles. C'est que vôtre esprit averti de tous les pas que vous faites, n'a garde de juger que les arbres ayent du mouvement; mais entrez dans un Bateau, vous les alez voir marcher bon train; cependant il ne se passera rien de plus dans vos yeux que lors que vous vous promeniez sur terre ferme; mais c'est qu'il se passera quelque chose de moins dans vôtre corps : son repos dans le Bateau ne laissera rien à l'esprit, d'où il puisse juger, que c'est vous & non pas les arbres qui se promenent. Les mouvemens des images tracées dans vos yeux régleront la perception.

Dem. N'est-ce pas aussi la grandeur de ces images qui régle la grandeur sous laquelle nous apercevons les objets ?

Resp. Si vous êtes dans cette pensée, regardez cet objet à deux, à quatre, à six, & à dix piez de vous, il vous paroîtra toujours sous une même grandeur ; & pourtant on démontre géométriquement que l'image qui s'en trace au fond de l'œil est double triple, décuple dans une distance de ce qu'elle est dans l'autre. Regardez présentement du milieu de vôtre chambre, & dites-moi si ce grand logis que vous voyez par vôtre fenêtre ne trace pas sur vôtre nerf optique une image plus petite que celle de la fenêtre qui lui a donné passage.

Dem.

La Physique. 193

Dem. Quelle fera donc la régle de la grandeur aparente des objets ?

Resp. Ce fera leur diftance aparente. Dans les petites diftances les mêmes objets vous paroîtront à deux, à quatre & à six pas, de la même grandeur malgré la difference de leurs images, parce que ces fortes de diftances ne produifent pas en vous des changemens affez fenfibles pour vous faire juger differemment. Mais dans les grandes diftances vous voyez les objets fous une grandeur proportionnée à la grande étenduë que vos fens aperçoivent entre vous & ces objets. Regardez, par exemple, la Lune dans l'Horizon : elle peint de là fur le fond de vos yeux une image plus petite que lors que vous la regardez au deffus de vôtre tête, puis qu'elle eft plus éloignée. Cependant vous l'apercevez fix fois plus grande. N'en foyez point furpris : entre vous & la Lune il y a beaucoup d'objets & des terres d'une tres-longue étenduë. Ces terres vous font juger de fa grandeur comme fi vous faifiez ce raifonne-

Tome II. I

ment. La Terre est au-delà de tous ces objets que je voi : il faut donc qu'elle soit bien grande, puisque je la voi de si loin.

Dem. Ne seroit-ce point les vapeurs répanduës dans l'air qui nous feroient paroitre la Lune plus grande dans l'Horizon, que dans le Méridien, par la réfraction des rayons qu'elle nous envoye ?

Resp. Je pourrois vous répondre, que la disposition du Ciel & de la Terre est telle par raport à nos yeux, que la distance de nous à la Lune lors qu'elle est dans l'Horizon, doit plus diminuër de son diamétre, que les réfractions de ses rayons dans les vapeurs ne le peuvent augmenter ; mais je vous dis tout net, que loin que les réfractions augmentent la grandeur aparente de la Lune, qu'au contraire elles la diminuent. Ceux qui voudront observer les effets des vapeurs, verront qu'elles ne peuvent que diminuër le diamétre perpendiculaire de la Lune, sans rien changer dans son diamétre horizontal.

Je pourrois vous en dire les raisons, mais je craindrois de vous ennuyer.

Dem. Mais par vôtre principe, les Etoiles qui nous paroissent si loin au de-là de la Lune, ne nous devroient-elles point paroitre plus grandes que la Lune ?

Resp. Non pas ; puisque la distance des Etoiles à la Lune n'est pas sensible. La Lune & les Etoiles paroissent attachées à une même voute. Il faut donc que la Lune, dont nous recevons une plus grande image, nous paroisse plus grande qu'une Etoile. Car il faut bien remarquer, qu'il ne suffit pas de sçavoir, qu'un objet est tres-gros & tres-éloigné, pour le voir plus gros qu'un autre, il faut actuellement recevoir par les sens la connoissance de son éloignement ; comme lors qu'on voit entre soi & la Lune, de longues terres interposées.

Dem. Ne peut-il pas y avoir d'autres causes qui nous fassent apercevoir les objets comme plus grands dans un tems que dans un autre ?

Resp. Il arrive quelquefois que

que l'impression des rayons sur le nerf optique se communique aux parties qui n'en devroient point être agitées ; ou qu'il reçoit d'ailleurs quelques petits tremblemens. Alors comme l'image qui s'y trace est plus grande, l'objet paroit aussi plus grand ; mais de ces cas particuliers on ne peut rien conclurre touchant la grandeur aparente du Soleil ou de la Lune dans l'Horizon.

Dem. La disposition des yeux est-elle toujours la même, soit qu'on regarde des objets proches, ou des objets éloignez ?

Resp. Comme il est nécessaire que nos yeux soient plus longs pour recevoir l'image d'un objet proche, que pour recevoir celle d'un objet éloigné, la structure de l'œil est telle que par le moyen de quelques muscles qui l'environnent, & de certains ligamens appellez *ciliaires*, qui tiennent le cristalin suspendu, il s'aplatit pour les objets éloignez, & s'alonge pour ceux qui sont proches ; mais en général cela ne change rien dans la grandeur aparente des objets.

Dem. Tous les hommes les verroient-ils d'un même point sous une même grandeur ?

Resp. N'y ayant pas deux hommes qui ayent les yeux tout à fait semblables, il n'y en eut peut-être jamais aucun qui ait vû une figure telle qu'elle est, ou selon sa véritable grandeur : elle paroit toujours plus grande à l'un, & plus petite à l'autre. Ceux, par exemple, qui ont le cristalin plus convexe voyent les objets plus petits que ceux qui l'ont moins convexe : il se trace au fond de leurs yeux, des images plus petites à proportion de leur convexité : par cette raison les premiers ne sçauroient voir de loin ; au lieu que ceux qui ont les yeux plats ne peuvent voir de prés, & voyent de loin parfaitement.

Dem. Comment l'œil plat & l'œil convexe produisent-ils de si differens effets ?

Resp. Le cristalin convexe étant loin de la ratine ou du nerf optique, les rayons qui viennent de loin se rassemblent avant que d'être parvenus à ce nerf, & n'y tracent par conséquent que des traits imparfaits. Donc le cristalin convexe empêche qu'on ne voye de loin. L'œil plat au contraire ayant ses humeurs tout auprés de ce même nerf, les rayons qui viennent de prés y parviennent avant que de s'être rassemblez. Donc l'œil plat empêche qu'on ne voye de prés : & ce qui est un inconvenient pour l'un fait l'avantage pour l'autre. C'est que les humeurs sont dans les yeux ce que sont les verres dans les lunettes. Mais comme il n'y a point d'œil qui ne soit ou plus ou moins vouté qu'un autre, il n'y a point d'homme aussi qui puisse se vanter de voir aucun objet sous sa véritable grandeur.

Dem. Ne peut-on pas du moins le voir dans sa véritable distance?

Resp. L'une ne peut guere être mieux connuë que l'autre. L'ame ne se sert des angles que font les rayons *visuels*, c'est à dire, qui se terminent depuis les yeux jusqu'à l'objet, que comme un aveugle se sert de ses mains ou d'un bâton pour juger des distances ; c'est un moyen tres-certain & sujet à une infinité de changemens. Elle ne peut donc porter à cet égard que des jugemens tres-incertains : sans compter que si l'imagination n'est aidée par la vûë sensible de quelques objets, elle ne vous représente jamais plus de cinq à six cent pas de distance entre nous & l'objet que nous regardons quelque éloigné qu'il puisse être.

Dem. Qu'y a-t-il donc de certain dans les aparences des objets ?

Resp. Rien autre chose, sinon que nous les voyons selon qu'il est à propos pour la conservation de la vie, selon les raports qu'ils ont avec nôtre corps. C'est sur la maniere dont l'auteur de la nature agit en nous à cet égard qu'est fondé tout le secret de l'Optique. On a remarqué dans quelles circonstances les objets nous paroissent grands ou petits, proches ou éloignez ; on nous prépare des aparences de ces circonstances pour nous faire voir les objets tout autrement qu'ils ne sont. Ainsi l'Optique n'est autre chose que l'art de tromper la vûë en induisant l'ame à porter touchant les objets des jugemens qu'elle n'en devroit pas porter. Mais dans quelque erreur que nous tombions par les yeux, on ne peut, ce me semble, rien concevoir de plus admirable, que la faculté de recevoir dans un instant une exacte peinture de tous les objets qui sont au Ciel & sur la Terre, de voir & distinguer dans le même instant tous ces objets, & d'être, pour ainsi dire, tout ce que l'on voit, sans cesser d'être ce que l'on est : c'est sans doute ce qui ne convient qu'à une substance fort élevée au dessus des corps ; & si en cela on attribuë aux animaux ce que l'on éprouve en soi-même, il n'y aura rien de trop grand ni de trop divin pour eux. Mais nous avons assez vû qu'ils n'ont rien de commun avec nous que la méchanique du corps.

Fin de la Physique.

DE LA VRAYE ET DE LA FAUSSE ELOQUENCE.

CHAPITRE I.

Liaison de l'Eloquence avec la Philosophie. Qui sont ceux pour qui l'Eloquence est nécessaire. Ses caractères. Ce qu'ils excluent.

Dem. Vous m'avez fait entendre que l'Eloquence dépend de la Philosophie; expliquez-moi, je vous prie, le raport qu'il y a de l'une à l'autre?

Resp. Pour persuader l'homme, il faut raisonner ; pour le gagner, il faut le connoître. Voyez si l'on peut tirer d'ailleurs que de la Philosophie des raisonnemens solides & la connoissance de l'homme.

Dem. Ne mettriez-vous point de différence entre les Orateurs & les Philosophes ?

Resp. Il y a cette différence, qu'un Philosophe peut bien n'être pas Orateur : mais assurément on ne peut être bon Orateur sans être Philosophe. La raison de ceci est, que pour réüssir en Eloquence, il faut d'une part de la voix, des poûmons, de l'action, un tour d'imagination heureux, choses qui ne dépendent point de la Philosophie ; & que de l'autre, il faut des preuves & des adresses que la Philosophie seule fournit.

Dem. Pourquoi des preuves simples ne suffisent-elles pas ?

Resp. C'est que nous ne sommes plus tels que nous devons être. Jettez les yeux sur le commun des hommes, vous les verrez par l'impuissance où ils sont de s'élever au dessus du sensible, tantôt flotans, incertains, craintifs ; tantôt hardis, mutins, turbulens, agitez dans un même jour de passions toutes contraires, & toujours dans des extrémitez opposées : mais toujours appliquez à tirer leur bonheur des creatures. Parlez-leur des précipices qui les environnent, ils ne laissent pas d'aler leur train, parce qu'ils ne voyent pas ces précipices : parlez-leur de la vérité, ils la regardent comme un songe, comme un nom qui ne signifie rien ; parce qu'ils ne trouvent point de prise sur tout ce qui n'est pas sensible. Ou si par son éclat elle les frape, elle s'éclipse au même instant par les impressions sensibles ausquelles ils sont ouverts de toutes parts. Il est évident, ce me semble, que pour venir à bout de telles gens, il faut entrer dans leur foiblesse & se servir du goût qu'ils ont pour le sensible, afin de les rappeller à la Raison. C'est en ce sens que l'Eloquence est fille de la Philosophie. Car ceux qui furent assez heureux pour connoître la vérité, ayant remarqué que les raisonnemens les plus exacts n'étoient pas capables de la faire goûter aux autres, dont l'esprit est toujours occupé de ce qui leur frape les sens, s'appliquerent à donner du corps, pour ainsi dire, à leurs discours ; & cherchant dans l'homme même des moyens pour cela, ils trouverent que par certains détours, par des mots figurez, par des comparaisons, par des peintures, & tels ou tels mouvemens, ils faisoient enfin envisager à l'homme l'objet qui le doit rendre heureux, & le soûtenoient dans la considération de la verité.

Dem. Mais ne s'ensuit-il point de là, que l'Eloquence ne doit être employée que pour des hommes grossiers & envelopez dans la matiere ?

Resp. On peut n'être pas grossier, & se plaire à l'Eloquence, à l'entendre ou à la lire : mais remarquez bien ceci. Ceux qui ont consacré leur vie à Dieu dans le silence & la retraite, ne sont pas édifi z des Discours les plus éloquens sur la Religion & la Morale : accoutumez qu'ils sont à regarder l'une & l'autre dans leur beauté & dans leur simplicité naturelle, l'éclat extérieur qu'on y ajoûte les éblouït, la vérité leur plait telle qu'elle est en elle-même, & ils sentent que loin de pouvoir être embelie, il n'apartient qu'à elle d'embelir tout ce qui se présente à l'esprit. Ce sont des hommes spirituels ; la Raison est en eux la supérieure, & les sens sont toujours dans le respect : peut-être sont-ils peu polis dans leur langage & leurs manieres : mais assurément ils ont l'esprit plus libre, plus dégagé, plus épuré que ceux qui demandent de l'Eloquence, & pour qui on la prépare. C'étoit aussi par cette raison que dans les premiers siecles de l'Eglise les Peres préchoient ordinairement sans préparation & sans art : ils parloient à des hommes éprouvez, point attachez à la terre, amateurs de la vérité, & toujours trop contens de la recevoir de quelque maniere qu'elle se présentât à eux. Il est donc certain que l'Eloquence n'est point venuë pour les Esprits du premier ordre, qui sont ceux que les sens ne dominent pas. Mais vous m'avoüerez qu'ils sont si rares, qu'à cause d'eux, on ne peut pas dire que l'Eloquence ne soit pas généralement nécessaire.

Dem. Marquez-moi, je vous prie, quels en sont les premiers préceptes ?

Resp. C'est d'exposer la vérité, de la faire voir distinctement, & de lui donner une forme agréable. *Verè, distinctè, ornatè.* C'est sur quoi conviennent tous les Maîtres de l'art.

Dem. Quel est l'effet du premier caractére ?

Resp. Ce caractére étant la vérité, il donne l'exclusion, non seulement à toute cause injuste, mais encore à ces discours pompeux que l'on fait pour relever de foibles & misérables creatures, des hommes pécheurs & corrompus. L'Eloquence dans son origine n'a point eu de tels objets.

Dem. Mais ne peut-on pas louër ceux qui malgré les efforts continuels de leur corruption naturelle, s'attachent au bien, & donnent de grands exemples de vertu?

Resp. Ne sçavez-vous pas que l'homme ne peut rien par lui-même; qu'il prend de fausses luëurs pour la lumiere, que ses desirs le séduisent à tous momens, que ses meilleures œuvres sont pleines d'imperfections, que tout ce qu'il est par lui-même n'est digne que de mépris. Mais si vous voulez à cet égard vous faire un digne objet, loüez la bonté, la sagesse & la puissance de Dieu dans ce que les hommes font paroitre à nos yeux; faites sentir, s'il se peut, toutes les perfections divines dans tous les événemens de la vie; & si vous relevez le ministére des hommes, que ce soit de maniere que les Esprits se tournent uniquement vers Dieu, n'admirent que Dieu, ne s'occupent que de Dieu : autrement vous transporterez à la creature une gloire qui ne lui apartient pas, & vous ferez revivre en quelque sorte les *apothéoses* du Paganisme.

Dem. Quel est l'effet du second caractére?

Resp. Ce caractére étant l'évidence, son effet est d'ôter la liberté de soutenir *le pour* & *le contre* dans une même matiere. Car la vérité étant une, il ne peut y avoir deux manieres contraires de la soutenir; & on ne peut combatre *avec évidence* ce qu'on a soutenu *évidemment*. On ne peut défendre la vérité sans la connoître; & quand on la connoit, c'est l'excés de la corruption que de la combatre.

Dem. Ne peut-on pas pour s'exercer l'esprit, représenter des vraissemblances comme des véritez?

Resp. S'il est dangereux de prendre la vrai-semblance pour la vérité, par quel principe pourrez-vous donner l'une pour l'autre? Pensez-vous que l'Eloquence soit un badinage, & qu'on doive si peu de respect à la vérité, qu'on puisse l'appeller ou la renvoyer comme l'on veut? Si la vérité est la maitresse, il me semble qu'on ne peut sans crime mettre en sa place la servante. Or si la connoissance de la vérité & la distinction des idées dépendent de

Eloquence.

la Philosophie, il est aisé de conclurre qu'on ne suit les régles de l'Eloquence qu'autant qu'on est Philosophe.

Dem. En quoi faites-vous consister la clarté que vous demandez ?

Resp. A exprimer clairement les raports des idées que l'Orateur présente à l'Esprit.

Dem. Mais si ces raports ne sont pas bien compris de tout le monde, l'Orateur pourra-t-il penser qu'il parle clairement ?

Resp. Il faut qu'il les exprime de maniere que la moindre attention les fasse apercevoir, il faut, autant qu'ils le permettent, qu'il les rende palpables : si après cela on n'entend pas, ce n'est pas sa faute. Pourquoi se met-on hors d'état d'entendre ce qu'on doit sçavoir ?

Dem. La clarté ne seroit-elle point encore autre chose que ce que vous marquez là ?

Resp. Vous voudriez peut-être, que parler clairement ce fût vous dire en termes fort rangez & bien usitez des choses toujours conformes à ce que les sens & l'imagination vous ont apris, à ce qu'on vous dit tous les jours dans le commerce du monde, & à ce que vous n'avez jamais examiné : mais cette espéce de clarté est une obscurité étrange dans le païs de la vérité : elle y répand les ténèbres. Je vous l'ay assez fait voir.

Dem. Quel est l'effet du troisiéme caractére ?

Resp. C'est de faire quiter la vérité par la proportion qu'on lui donne avec la disposition des Esprits à qui on la présente.

Dem. Ce caractére dépend-il aussi de la Philosophie ?

Resp. Il en dépend si absolument, qu'un discours dénué de ce qu'elle doit lui prêter en ce point, ne mene jamais au but que l'Orateur se propose.

Dem. Mais ne voit-on pas des Orateurs qui n'ont jamais philosophé, qui même ne connoissent aucune partie de la Philosophie, & qui pourtant parlent d'une maniere

Eloquence.

qui plaît infiniment ?

Resp. Ils plaisent, ils réjouissent, ils amusent : on aime à les entendre ; mais ils ne persuadent rien. Quand la vérité se trouveroit dans leurs discours, la clarté ne s'y trouvé pas : & comme ils ne produisent dans les Esprits qu'une émotion qui ne signifie rien, sans en toucher les ressorts, on n'acquiesce que parce qu'on aime mieux le plaisir de cette émotion, que d'examiner si la Raison parle avec eux. Il en est en un sens de ces Orateurs, comme des importuns, à qui on acorde à cause de leur importunité ce que la pure Raison ne leur acorderoit jamais.

Dem. Celui qui ne parleroit pas pour la vérité, pourroit-il persuader & convaincre les Esprits, parce qu'il en toucheroit les ressorts ?

Resp. Il le pourroit, parce que l'homme céde toujours à son penchant, & va où l'on veut quand on le prend par son foible.

Dem. Mais la clarté ne se trouvant point avec la fausseté, ne voila pas deux caractéres essentiels dont le discours manqueroit ?

Resp. Ces deux caractéres sont essentiels pour éclairer l'Esprit, & lui faire prendre le bon parti : mais donnez-lui le change & employez les tours de l'art, il se laisse convaincre. Voila tout ce que je vous en puis dire.

CHAPITRE II.

Abus de l'Eloquence. Ce qui fait le vray & le faux Orateur.

Dem. EN combien de manieres abuse-t-on de l'Eloquence ?

Resp. En deux manieres. 1°. Lorsqu'on fait passer le mensonge sous les apparences de la vérité. 2°. Lorsqu'au lieu de la vérité on ne présente qu'une écorce, que des périodes & des figures vuides de sens.

Dem. Comment s'y prennent ceux qui parlent pour l'erreur ?

Resp. Remplis de préjugez, fournis d'équivoques, animez d'un faux zele. Ils étalent pompeusement des sophismes, & s'animent sur des vray-semblances. Beau langage, termes choisis, expressions vives, tours ingénieux, délicats & sensibles, ils n'oublient rien de ce qui peut imposer. Par là ils surprennent les Esprits : la confiance en soi-même prend racine, les fausses vertus s'établissent, la corruption de la nature est appuyée, les erreurs populaires deviennent la souveraine Raison ; & de là le déréglement des mœurs, la discorde, la révolte, l'esprit d'irréligion & de trouble. Comme ces sortes d'Orateurs sont des pestes dans la société, on a dû défendre l'Eloquence quand on a vû qu'ils se multiplioient, & que le nombre de ceux qui défendoient la vérité, étoit le moindre.

Dem. Ceux qui ne s'appliquent qu'à plaire à l'imagination, sont-ils aussi dangereux ?

Resp. Le mal qu'ils causent n'est pas sensible : mais peu à peu ils jettent les ames dans l'oubly de la Religion : nourris les premiers de mesures & de périodes, ils répandent par tout le même goût, & ils y acoutument tellement les Esprits, qu'enfin les périodes passent pour raisonnemens, & les figures pour preuves. L'Orateur charmé du succés de son art, s'applique de plus en plus à penser agréablement : il confond l'agréable avec le solide ; une belle chûte de discours est pour lui une démonstration. Idées vrayes ou fausses, nettes ou confuses, tout lui est d'un même usage, parce que pour plaire, la cadence & l'harmonie lui suffisent. Voila comme l'imagination se trouve servie, & la vérité à l'écart.

Dem. La disposition d'un Orateur de cette sorte vous sembleroit-elle aussi mauvaise que celle des premiers ?

Resp. Je n'en déciderai pas ; mais sa vaine Eloquence se présentant toujours à lui sous de belles apparences, il n'en sent point la vanité. D'ailleurs il est trop applaudi, pour avoir le tems de se reconnoître. Ceux qui l'entendent, trouvant dans ses discours ce qui flate l'imagination,

& n'y sentant point ce qui s'oppose fortement au déréglement de la nature, lui rendent à leur maniere ce qu'il leur a prêté : ils lui trouvent toute la beauté de l'esprit & toute la finesse du jugement. Comme il ne s'applique qu'à leur plaire, ils ont soin de lui applaudir. Il semble qu'il y ait un accord entre eux pour se débiter mutuellement de la fumée.

Dem. Quel est le principe de cette vaine Eloquence ?

Resp. C'est l'orgueil, ce sont les sentimens de la concupiscence, fondez en mille & mille traces du cerveau, ausquelles l'ame s'est entiérement assujettie. C'est ce qui fait que l'Orateur est enfermé à la connoissance de lui-même, & qu'il ne fait que s'enorgueillir de son malheureux talent. Comme la vraye Eloquence a un principe tout different, qui est la connoissance claire de la vérité & des dispositions de l'Esprit humain, elle produit aussi des effets tout contraires, & elle est beaucoup plus propre à éloigner les pensées d'orgueil qu'à les nourrir.

Dem. Quel est le caractére d'un bon Orateur ?

Resp. C'est de répandre la lumiere dans l'Esprit, & par les sentimens de crainte ou d'amour, de joie ou d'esperance qu'il fait naître, d'emporter le consentement des auditeurs.

Dem. Comment se met-il en état de produire ces effets ?

Resp. Par beaucoup d'application à s'élever au dessus des préjugez ordinaires, à suivre des idées distinctes, & à connoître l'homme : par beaucoup d'attention à discerner les objets qui remüent les passions, & la force de leur action, à démêler l'esprit qui regne dans chaque societé, la difference des génies & des goûts, les opinions favorites, la diversité des interêts. S'il joint à ces connoissances un grand desinteressement & un grand amour pour la vérité, comme alors il se fait *tout à tous*, il ne se peut aussi qu'il n'enleve tous les Esprits.

Dem. Pourquoi tant de connoissances particulieres ?

Resp. C'est que si l'on ne parle
aux

Eloquence. 217

aux hommes que de leurs inclinations générales, on ne les touche que légérement : au lieu qu'en touchant leurs passions particuliéres, on les touche vivement. Je vous ay marqué ailleurs, la cause physique de ce dernier effet.

Dem. Voudriez-vous me la dire encore une fois ?

Resp. Une passion particuliére est l'effet d'une trace particuliére. Il y a quantité d'autres traces qui se raportent à celle-là. Si donc on fait tant, que de réveiller cette trace dominante, plusieurs seront réveillées avec elle : les idées qui répondent à ces traces, se présenteront à l'Esprit, & feront que l'ame non seulement sera frapée de son objet, mais encore que l'amour ou la haine qui sera excitée en elle dans ce moment, s'étendra à toutes les choses qui ont raport à cet objet.

Dem. Quel est l'art d'alier l'Eloquence avec la vérité ?

Resp. C'est de rendre les plus hautes véritez sensibles & familiéres, sans leur laisser rien perdre de leur dignité, c'est de proportionner le discours à la grandeur de la matiere & à l'état de l'auditeur, c'est de sçavoir l'animer ou le ralentir suivant les circonstances.

Dem. Marquez-moi l'effet des véritez & l'usage des figures dont elles sont revêtuës ?

Resp. Les véritez animent les figures ; & les figures rendent les véritez pénétrantes. Les objets interessans d'abord arrêtent l'auditeur, l'action & le mouvement le tiennent appliqué, les grandes véritez poussées avec force & vehemence le touchent, il se reconnoit dans la peinture qu'on lui fait des mouvemens de son cœur, & du jeu de ses passions ; & son attention ainsi surprise se joignant au sentiment qu'il a de ce qui se passe en lui-même, lui fait apercevoir le vray bien, & le lui fait désirer. Cela vous fait assez connoitre, que l'Orateur doit être touché le premier des véritez qu'il propose ; qu'il doit les avoir méditées ; qu'il doit s'en être nourri.

Dem. Pourquoi *méditées ?*

Eloquence.

Resp. C'est que sans la méditation il n'y a ni connoissance distincte, ni conviction ; & que sans conviction on n'étale que des spéculations vagues qui n'engagent à rien. L'Orateur s'agitera, il fera grand bruit, il s'animera, il s'attendrira : malgré tout son manége on sentira qu'il n'est pas convaincu, les enfans mêmes ne s'y tromperont pas : les Esprits demeureront dans les dispositions où ils étoient.

Dem. Des spéculations ainsi débitées ne produiroient-elles jamais aucun fruit ?

Resp. Il se trouve quelquefois des ames si préparées, que la moindre chose qui ait raport aux vrais biens leur fait naître de bons sentimens : il arrive alors ce qu'on voit quelquefois dans les sciences humaines, des hommes qui ne sçavent rien par intelligence, débitent ce qu'ils ont lû, avec tant de facilité, que ce qu'ils ne tirent que de leur mémoire, saisit l'esprit de tel ou tel qui les entend. Ici des mouvemens qui ne sont que l'effet de l'art & de l'imagination vont au cœur de tel ou tel que l'Esprit de Dieu conduit. Mais cela est si rare, qu'on n'en doit pas faire une exception; & que M. Caton ne pouvoit mieux définir l'Orateur, qu'en disant, que c'est un *homme de bien qui sçait bien dire. Vir bonus dicendi peritus.* *

Dem. Pourquoi homme de bien ? Ne s'agit-il pas des dispositions de l'Esprit, & non pas de celles du cœur ?

Resp. L'Esprit suit toujours le cœur. Un homme destiné à faire prendre aux autres le bon parti doit être le premier, d'une fidélité inviolable, il doit être à l'épreuve de la faveur & de la crainte : si la cupidité le domine, il causera des desordres infinis ! „ Si cet art de parler, dit un „ Ancien *, venoit armer la malice „ d'un cœur corrompu, rien ne „ seroit plus pernicieux que l'Elo-„ quence pour les affaires publiques „ & particulieres : & nous mêmes „ qui faisons nôtre possible pour

* *Quintil. lib. 12. c. 1.* * *Idem. Ibid.*

„ contribuër à son établissement :
„ nous trahirions le genre humain,
„ si par là nous préparions des ar-
„ mes à un voleur, & non pas à
„ un fidéle Soldat. Le nom d'Ora-
„ teur est trop saint : il ne convient
„ pas à un transfuge ni à un traître.
An proditorem, transfugam, præ-
varicatorem donabimus Oratoris illo
acro nomine.

CHAPITRE III.

Portraits d'Homére, de Ciceron &
de Demosthéne, selon Quintilien.
Ce qu'on tire de leurs Ouvrages.

Dem. PENSEZ-VOUS que Ciceron & Demosthéne ayent eu autant de probité que d'Eloquence ?

Resp. Demosthéne sans contredit étoit un homme dangereux. Ciceron, malgré l'opinion qu'il avoit de lui-méme, manquoit de courage au besoin : du moins on le dit ainsi. Ce n'étoit pas préférer à toutes choses la justice. Aussi sçait-on que ces Orateurs enseignent plutôt à soutenir le *pour* & le *contre* dans une même cause, qu'ils n'instruisent sur la parfaite Eloquence. Tous les préceptes de Ciceron; & de tous ceux qui se sont mêlez d'en donner après lui, ne tendent qu'à former de ces Esprits qui sçavent faire passer pour justes les causes les plus injustes. D'où vous pouvez conclurre que lors qu'ils ont prescrit à l'Orateur la loy *d'être homme de bien*, ils n'ont pas toujours bien sçû ce qu'ils disoient, quoi qu'en cela ils ayent toujours bien dit.

Dem. Mais que pouvons-nous admirer, si ce n'est un Homére, un Demosthéne, un Ciceron?

Resp. Vous avez raison de dire *Homére*. Car son Iliade est un répertoire des prestiges de l'Eloquence, & j'avouë que les deux autres ont esté tres-éloquens: mais on peut être éloquent, je veux dire *disert* *
& beau parleur sans être parfait Ora-

---

* Concedamus aliquem virum summè disertum, nihilo tamen minùs Oratorem eum negabo. *Quintil. lib. 11. cap. 1.*

teur ; & je m'étonne qu'un Auteur judicieux ait dit d'une part qu'il cherchoit un Orateur ,, tel que Ciceron lui-même le cherchoit * ; & que de l'autre il ait représenté ce Romain aussi-bien qu'Homére, comme le plus parfait Orateur qu'on puisse s'imaginer.

Dem. Donnez-moi, je vous prie, une copie des portraits que cet Auteur fait de ces deux hommes ?

Resp. Voici pour Homére. ,, Comme toutes les sources & tous les
,, fleuves sortent de la mer, c'est
,, aussi de lui que toutes les parties
,, de l'Eloquence tirent leur origine.
,, Dans les grandes choses personne
,, ne le peut surpasser en sublime :
,, dans les petites personne ne le
,, surpasse en naturel : il est enjoüé
,, & serré, agréable & sérieux ; admirable tantôt par la breveté,
,, tantôt par la fecondité de son
,, esprit : toujours au suprême dégré
,, des agrémens de la Poësie & de

* Eum quæram Oratorem quem ille quærebat. *Idem ibid.*

„ la force de l'Eloquence. Sans par-
„ ler des loüanges, des exhortations,
„ des confolations où il fe furpaffe
„ toujours lui-même, le neuviéme
„ Livre qui contient la députation
„ qui fut faite vers Achille ; le pre-
„ mier où l'on voit les conteftations
„ des Capitaines ; & le fecond où
„ font les avis des uns & des autres,
„ ne developent-ils pas l'art de ter-
„ miner tous les procés & de pren-
„ dre confeil ? Affurément il n'y
„ aura perfonne affez malhabile,
„ pour ne pas avouër que cet Au-
„ teur avoit en fa puiffance les af-
„ fections du cœur humain, & qu'il
„ les animoit ou les adouciffoit à
„ fon gré. Voyez comme il établit
„ à l'entrée de fon Ouvrage la loy
„ des *Exordes*. Il invoque les Déef-
„ fes protectrices des Poëtes ; par
„ là il gagne la bienveillance de
„ l'auditeur. Il propofe de grandes
„ chofes ; par là il le rend attentif.
„ Il fait en peu de mots un fom-
„ maire de fon deffein ; par là il le
„ rend docile. Mais qui peut nar-
„ rer plus fuccinctement, que celui

» qui anonce la mort de Patrocle ?
» Qui peut faire une description
» plus vive, que celui qui expose
» le combat des Curétes & des A-
» toliens ? Que dirai-je de ses
» comparaisons, de ses amplifica-
» tions, de ses exemples, de ses
» digressions ? Il emploie tant de
» choses dans ses réfutations & dans
» ses preuves, que ceux mêmes qui
» ont écrit des arts, ont tiré de ce
» Poëte de grands secours. Dans
» l'Epilogue, pourroit-on égaler
» quelque chose aux prieres de Priam,
» suppliant devant Achille ? En un
» mot, les paroles, les sentences,
» les figures, la disposition de tout
» l'ouvrage surpasse la portée ordi-
» naire de l'esprit humain. il n'y a
» que les grands hommes qui puis-
» sent, je ne dis pas imiter celui-
» là, mais le suivre par la force de
» l'esprit & de l'intelligence.

« Voici pour Ciceron. » Il a
» rassemblé en lui la force de De-
» mosthéne, la fécondité de Platon,
» les agrémens d'Isocrate ; & non
» seulement il acquit ce qu'il y a

» de meilleur dans chacun de ces
» Auteurs, il tira encore de lui-
» même tous ses talens par l'heureu-
» se fertilité de son propre esprit.
» Car pour parler comme Pindare,
» il ne ramassoit pas des eaux pour
» répandre la pluye, tout en lui
» couloit de source & avec profu-
» sion, comme si la Providence
» l'eût donné au monde, afin que
» par lui *l'Eloquence fît l'épreuve de*
» *toutes ses forces.* Qui sçut jamais
» instruire plus vivement, & émou-
» voir plus fortement ? Y eut-il
» jamais un autre que lui, qui sçut
» par ses agrémens faire penser qu'on
» lui accorde ce qu'il arrache ; &
» par la force de ses discours ren-
» verser son Juge de telle sorte, qu'il
» s'imagine suivre & non pas être
» enlevé ? Ajoûtons que dans tout
» ce qu'il expose on sent une auto-
» rité si persuasive, qu'on auroit
» honte de n'être pas de son avis,
» & qu'il se fait plutôt croire com-
» me un témoin & un Juge, qu'é-
» couter comme un Avocat. Tant de
» choses cependant, dont chacune

„ coûteroit à tout autre un travail
„ infini, coulent tout naturellement
„ de son génie ; & cette suite de
„ discours qui charme toujours l'o-
„ reille, porte toujours le caractére
„ de la plus heureuse facilité. C'est
„ par ces raisons que ceux de son
„ siécle ont dit qu'il regnoit dans
„ les jugemens ; & que ceux du nô-
„ tre regardent le nom de *Ciceron*,
„ non pas comme celui d'un hom-
„ me, mais comme celui de l'Elo-
„ quence même. Ainsi on n'a pas
„ d'autre modéle à suivre ; & qui-
„ conque l'a sçû goûter, peut s'assu-
„ rer qu'il n'a pas fait peu de pro-
„ grés.

Dem. Ce Panégiriste a-t-il oublié Demosthéne ?

Resp. Non. Mais il n'en fait pas son Héros. Il trouve Ciceron & lui assez égaux dans tout ce qui est de *l'invention*, dans le dessein, dans l'ordre, dans la division, dans la préparation, dans la maniere de prouver : mais dans l'Elocution il trouve entr'eux plus de différence. „ De-
„ mosthéne est plus entassé, Ciceron

„ est plus fecond. Celui-là se tient
„ serré ; celui-ci combat au large.
„ Celui-là ne se sert que de la poin-
„ te ; celui-ci souvent y joint le
„ poids : de celui-là on ne peut
„ rien ajoûter. Il y a plus d'étude
„ dans Demosthéne : il y a plus de
„ naturel dans Ciceron.

Ce sont de pareils éloges faits par pure chaleur d'imagination, qui ont fait penser à bien des gens, qu'il ne faloit sçavoir qu'Homére pour sçavoir tout, Sciences, Arts, Politique, Jurisprudence, Morale, Eloquence, Physique ; & qu'aprés Ciceron il n'y avoit plus ni beauté ni force d'esprit ; quoi qu'à dire le vrai, je ne crois pas qu'aucun homme ait jamais acquis un dégré de science par la lecture de ces deux Auteurs, s'il n'a pas fait des études d'un autre genre.

Dem. Pourquoi attribuëz-vous ces éloges à la chaleur de l'imagination ?

Resp. Quintilien dit de Ciceron, que *la Providence l'avoit donné au monde, afin que par lui l'Eloquence*

Eloquence.

fit épreuve de toutes ses forces; & après il dit, qu'il cherche l'Orateur que Cicéron cherchoit lui-même; & qu'il n'a pas de peine à croire, que Cicéron n'est pas venu au plus haut point de l'Eloquence. * Il est certain, que s'il a dit ce dernier de sang froid, & après y avoir pensé, il a dit le premier dans la chaleur de l'imagination. Il auroit bien fait de ne se prévenir par raport à Cicéron, qu'autant qu'à l'égard de Seneque, dont il a parfaitement bien remarqué, que les écrits sont féconds en défauts aimables: *In eloquendo pleraque abundant dulcibus vitiis*; & qu'il seroit à souhaiter que cet Auteur eût dit avec le jugement d'un autre ce que son Esprit lui faisoit dire: *Vellés eum suo ingenio dixisse alieno judicio*: quoique je ne prétende pas que Cicéron ait manqué de jugement.

Dem. Où trouvons-nous des modéles en Eloquence, si nous n'en

---

* Facilè crediderim defuisse ei summam illam ad quam nemo propiùs accessit. *Instit. lib. de Imo, cap. 1.*

trouvons pas dans Ciceron & Demosthéne ?

Resp. Ne vous embarrassez point de modéle. Quand vous aurez un Discours à faire, cherchez vos preuves dans les raports de vos idées, & préparez le tour & les manieres sur la disposition de l'Esprit humain. Lisez les Orateurs pour aprendre à bien parler ; mais encore un coup, étudiez-vous vous-même, & observez les differens caractéres des Esprits pour aprendre à persuader : ou montrez-moi que celui que vous regardez comme le premier maître, ait pû se conduire autrement.

Dem. En quoi faites-vous consister le beau langage qu'on peut tirer des Orateurs ?

Resp. Dans un torrent de paroles bien rangées qui flatent l'oreille & qui surprennent l'esprit, dans un usage mesuré de l'antithése, de la métaphore, de tous les tropes & de toutes les figures. C'est la part des gens d'imagination : la vérité & la clarté se trouvent ailleurs que dans leurs écrits, vous en connoissez le païs ;

& le bon sens veut, ce me semble, qu'on s'y exerce avant que de passer outre. Par la lecture qu'on fait des Auteurs on enrichit sa mémoire ; mais ce *Trésor de l'Eloquence* n'est qu'un amas confus, si l'esprit n'est pas maître de ses idées : & quel soin ne faut-il pas pour empêcher qu'elles ne se broüillent.

CHAPITRE IV.
Conditions d'une piéce d'Eloquence. Manieres de la figurer. Régles pour les Portraits.

Dem. MARQUEZ-MOY, je vous prie, en général l'œconomie d'un Discours.

Resp. On vous a toujours dit, qu'il faut commencer par rendre l'auditeur *favorable*, *attentif* & *docile*. Cela suppose beaucoup de modestie dans l'action & dans les paroles ; & de plus, une connoissance distincte de la matiere dont on va parler, des personnes à qui on s'adresse, des circonstances du tems, du lieu & des affaires, des prétentions & des bruits publics. Pour bien dire, il faut sçavoir ce qu'on dit ; & il est certain que l'auditeur sentant le droit qu'il a de juger, demande qu'on le respecte. L'Orateur doit aussi prendre garde de se faire soupçonner de trop de préparation : un art trop marqué aliene les Esprits, on le regarde comme un piége : c'est la perfection de l'art, que de le sçavoir cacher. Voila pour l'Exorde. On vient à la proposition : on expose des veritez de fait & d'expérience : on les pousse avec toute la force qu'elles demandent : on entre dans des détails où l'auditeur se reconnoit : on tire des conséquences qui se font sentir.

Dem. Comment s'y faut-il prendre pour amplifier ?

Resp. Il ne faut pour cela que se servir d'une espéce de gradation, qu'on apelle *incrementum* ; de la comparaison ; du raisonnement ; & d'un certain amas de mots, apellé *congeries*. Vous n'en trouverez que trop d'exemples dans les écrits des Rhéteurs.

Eloquence. 233

Ce qu'on doit principalement obſerver, c'eſt de bien ménager tous les mouvemens du Diſcours.

Dem. Qu'entendez-vous par mouvemens ménagez ?

Reſp. J'entens un changement de ſtile, ſelon ce qui eſt à faire dans le Diſcours. *L'Exorde*, par exemple, ordinairement ne doit pas être figuré : La *Propoſition* doit être, pour ainſi dire, toute unie. Les *Tranſitions* doivent venir tout naturellement. Mais dans les *Preuves*, tout doit être animé. Figures, comparaiſons, mouvemens ſenſibles doivent y regner d'un bout à l'autre.

Dem. Y a-t-il beaucoup de myſtére dans les figures ?

Reſp. Il y en a moins qu'on ne penſe. Si nous écoutons les Grecs, il n'y a pas une maniere de parler dont ils n'ayent fait une figure, & qui comme figure n'ait ſon nom Grec. Mais ſans faire ici des réflexions ſuperfluës, je vous conſeille, ſi vous n'aimez pas l'air de Déclamateur, d'être ſobre en *exclamations*. Servez-vous davantage de *l'interrogation* &

De la vraye & de la fausse
de l'*apostrophe*. Ce sont des figures pressantes & qui forcent à consentir. La *Prosopopée* est pathétique ; mais elle ne doit pas venir souvent, il faut qu'elle soit naturelle, & que le sujet même l'amene : Rien n'est plus ridicule que de faire parler des objets, pour leur faire dire ou rien ou des paradoxes. L'*Antithése* frape, mais si elle n'est courte & parfaitement convenable à la chose, elle dégénere en badinage. J'aurois du penchant à proscrire l'*hyperbole*, & à la renvoyer aux Poëtes ; mais il y a des Nations avec lesquelles on ne peut pas s'en passer.

Dem. N'y a-t-il point encore d'autres figures remarquables ?

Resp. Il y en a quantité. Quelquefois l'Orateur dissimule en se moquant. *Dissimulatio in risu.* Quelquefois il s'interroge & se répond à lui-même. *Interrogandi scriptum & sibi respondendi vicissitudo.* Il presse & en même tems il ôte tout sujet d'excuse : *Subjectio*. Il prévient ce qu'on pourroit lui objecter : *Præsumptio*. Il tire avantage d'un aveu qu'il

Eloquence.

fait : *Confeſſio.* Il fait comprendre ce qu'il va dire : *Prædictio.* Il uſe de correctif. *Emendatio* : Il prépare les Eſprits : *Præparatio.* Il réprend : *Reprehenſio.* Il paroît incertain : *Dubitatio.* Il s'en raporte à l'adverſaire même : *Communicatio.* Il tient les Eſprits en ſuſpens : *Suſtentatio.* Il laiſſe à penſer : *Permiſſio.* Il fait ſemblant : *Simulatio.* Il fait comme s'il voyoit, & que les autres viſſent de même : *Ficta imaginatio.* Il donne des formes viſibles à ce qui n'en a point : *Forma ficta.* Il fait comme s'il ſe répentoit d'avoir parlé. *Pænitentia facta dicti.* Il ſe ſoûmet à quelque choſe d'injuſte par la confiance qu'il a en ſa cauſe : *Conceſſio.* Il acquieſce pour en tirer avantage : *Contentio.* Il s'arrête ou ſe retient ſoi-même : *Reticentia.* Il fait entendre qu'il n'uſe point de tout ſon droit : ἀπόφασις. Il repréſente à l'Eſprit ce que les yeux ont vû. μετάστασις. En diſant une choſe, il en fait entendre une autre : ἔμφασις. Il conclut ſur ce qu'il a repréſenté : ἐπιφώνημα. Comme ſi aprés avoir décrit la conduite des hommes, il concluüit par ces paroles. *Tant il est vrai, qu'ils ne pensent point à la mort!* Peut-être me dispensez-vous d'un plus grand détail de figures.

Dem. Que pensez-vous de tout cet art?

Resp. Chaque figure a sa grace & son usage; mais si elles ne couvrent un fond de raisonnement, elles ne sont qu'une vaine écorce, qu'une pure puerilité. Car ne vous y trompez pas, l'Eloquence est dans la preuve; elle n'employe les figures que pour faire sentir la preuve. L'Orateur est un Philosophe qui étend & figure ses raisonnemens & ses preuves.

Dem. N'y a-t-il point de régle à suivre pour mettre chaque figure en sa place?

Resp. La grande régle est de figurer à proportion que la suite des idées ausquelles on s'attache, frape l'Esprit. Heureux l'Orateur qui a de l'art, & des dispositions naturelles!

Dem. Doit-il faire beaucoup

Eloquence.

de portraits ?

Resp. Qu'il en fasse tant qu'il lui plaira ; mais qu'il les mette dans leur jour & dans un point de vûë, qui les oppose à ce qu'il veut détruire ou établir. Sans ces conditions ses portraits seront un amusement, & s'en iront en fumée.

Dem. Quelle forme leur doit-il donner ?

Resp. Il en doit régler la forme sur la force & le tour d'imagination de ceux à qui il parle. Avec des gens d'une imagination ferme & spacieuse, il faut tout peindre au dessus du naturel : ce qui est dans les bornes de la nature ne les remuë point. L'hyperbole est faite pour eux. Avec d'autres, il faut peindre plus naïvement. Entre ceux-ci les uns veulent une peinture assez unie ; les autres veulent du brillant dans chaque trait : il faut être Comédien pour leur plaire. On peut prendre pour exemples de ces trois caractéres, les Espagnols, les François & les Italiens, quoique chaque nation renferme aussi tous les trois genres.

Dans les petites Villes, où l'imagination n'est pas si rafinée, on se contente de portraits peu achevez, & de traits médiocres. Dans les grandes Villes, où le grand usage des objets sensibles eleve l'imagination, il faut quelque chose de plus fini, il faut de grands traits, des couleurs vives, par tout beaucoup de force & de hardiesse. A la Cour, où toute l'imagination est dans toute sa délicatesse par les rafinemens de l'orgueil & des plaisirs, il faut aussi des traits vifs & animez ; mais par tout un naturel dans toute sa pureté : Un trait de plus ou de moins rebute des Courtisans. S'il arrive quelquefois que cette disposition change, c'est par le caprice de deux ou trois, ou même d'un seul que les autres se trouvent en humeur de suivre ; mais ils y reviennent bien-tôt. C'est faute de s'accommoder à ces differens caractéres, qu'un Orateur aprés de grands succés en Province viendra échoüer à Paris ; ou qu'aprés ne s'être pas même fait remarquer à Paris, il ira se faire admirer en Pro-

Eloquence. 239

vince ; ou qu'enfin aprés avoir eu à la Ville un auditoire charmant, il trouve un desert à la Cour.

CHAPITRE V.

Régles pour les mots. Ce que c'est que sublime & naturel. Ce qui rend l'Eloquence efficace.

Dem. QUELLES sont les régles de la composition ?

Resp. Il y en a trois à observer, qui sont, l'ordre, la liaison, la mesure. *Ordo, junctura, numerus.* Ce sont celles que les Rhéteurs nous ont laissées touchant les mots & les périodes : ils ont voulu nous faire entendre, 1. qu'il ne faut pas mettre le moins noble devant le plus noble, qu'on ne doit pas dire, par exemple. *Les femmes & les hommes, la Lune & le Soleil.* 2. Qu'il faut que les mots de chaque membre d'une période s'ajustent bien, & que les membres soient bien liez. 3. Que chaque période doit avoir sa cadence & sa mesure. J'ajoûte que la composition demande des mots choisis, une diction pure, un stile facile, du sublime dans la simplicité : en un mot, de la beauté, de l'élevation, de la force & de la délicatesse.

Dem. Qu'appellez-vous des mots choisis ?

Resp. Je donne ce nom à des mots reçûs & faits précisément pour la chose qu'on exprime.

Dem. Qu'appellez-vous *diction pure* ?

Resp. Je nomme ainsi un arrangement régulier de termes propres sans équivoque ni embarras.

Dem. Est-il toujours nécessaire que la régularité se trouve dans l'arrangement des mots ?

Resp. On peut souvent en transposer quelques-uns. On peut dire, par exemple, *Il viendra ce moment auquel vous ne pensez pas* : au lieu de dire, *le moment auquel vous ne pensez pas viendra*. Mais cette transposition, qu'on appelle communément *hyperbaton*, n'embarrassant point

Eloquence.

point l'idée, l'expression est censée réguliere, & elle a plus de grace que si elle étoit toute unie.

Dem. Qu'appellez-vous un stile facile ?

Resp. C'est un stile sans longues phrases, où la rencontre des mots ne fait point de mauvais son, & ne rend point la prononciation difficile, qui finit toujours avec une certaine douceur qu'on sent mieux qu'on ne l'exprime. Si avec cela chaque expression réveille de nouvelles idées, ce sera un stile plein & nourri, un stile dont l'Esprit sera toujours content. Mais souvenez-vous qu'il faut toujours proportionner le langage au dessein & à la matiere ; & par cette raison bannir de toutes les affaires sérieuses ce jeu de mots qu'on oppose les uns aux autres, ou qu'on transpose à dessein ; ces chûtes qui se répondent l'une à l'autre. On sent que la vérité n'a pas besoin de cette affectation ; & on ne peut croire que celui qui employe l'art si mal à propos, agisse sérieusement.

Dem. N'y a-t-il rien autre

chose à observer dans le stile ?

Resp. Il n'y faut jamais faire entrer d'expressions proverbiales, ni se servir de mots usez, qui sont ceux que la politesse a bannis & renvoyez aux personnes qui manquent d'éducation.

Dem. Qui sont proprement les mots reçûs ?

Resp. Ce sont ceux dont les honnêtes gens se servent dans des discours sérieux. Jusqu'à cet usage il faut s'abstenir des mots qui paroissent les plus beaux & les plus propres : Ceux qui ont trop l'air de nouveauté ne sçauroient plaire ; & ceux qui sentent le caprice sont choquans : Je pourrois vous donner bien des exemples sur les uns & sur les autres. Mais qui oseroit prendre de beaux Esprits par leur foible ?

Dem. Qu'appellez-vous du sublime ?

Resp. Je donne ce nom à tout ce qui est élevé au dessus des sens.

Dem. Est-ce dans l'expression que vous le faites connoitre ?

Resp. Non. Le sublime est dans

la pensée. Exprimez-la telle qu'elle est, distinctement, & selon la supériorité de la Raison. Voilà du sublime. Assurément, si la parole est l'expression de ce que nous pensons, il n'y aura pas du sublime dans nos paroles s'il n'y en a pas dans nos idées.

Dem. Qu'appellez-vous simplicité ?

Resp. C'est la maniere d'exprimer ses idées selon l'ordre & la liaison qu'elles ont dans l'Esprit. Le simple & le naturel se touchent.

Dem. Quelle différence mettez-vous entre le naturel & le sublime.

Resp. On prend communément pour *naturel*, un certain stile doux, accommodé aux opinions communes, qui suit le préjugé, & ne réveille que des idées sensibles ; & souvent on prend pour *sublime* de grands mots & des expressions empoulées. Un Orateur est sur des échasses, il fait du bruit & ne dit rien. C'est du *sublime* pour bien des gens. Si l'on ne l'entend pas ainsi, il faut malgré qu'on en ait, s'en tenir à la notion que je donne du *sublime*, & convenir qu'il ne diffère du naturel que par le plus ou le moins de noblesse qui se trouve dans l'objet, régle constante des paroles & des mouvemens.

Dem. Qu'appelle-t-on stile guindé ?

Resp. C'est le discours d'un Orateur qui donne trop dans les *Tropes*. A force de briller il éblouit, & empêche qu'on ne le suive : ce n'est pas parce qu'il s'éleve trop haut, c'est parce qu'il veut trop exprimer par ses paroles.

Dem. Voudriez-vous me donner quelques exemples de cette sorte de style ?

Resp. Si vous voulez en chercher vous-même, vous n'irez pas loin sans en trouver. Entre les écrits de ceux qui se mêlent de Bel Esprit il y en a peu où l'on ne trouve un jeu d'imagination dominant, & du brillant qui n'éclaire pas : mais je n'oserois vous marquer ici les passages ; il est périlleux de citer en ce genre des Auteurs trop sensibles,

Dem. Qu'appelle-t-on *beauté* dans un discours?

Resp. C'est un tour aisé qui convient à chaque pensée, & selon lequel chaque chose est en sa place & en son jour.

Dem. Qu'est-ce que *la force*?

Resp. C'est le juste raport que toutes les pensées ont les unes aux autres, toutes se soutenant mutuellement, & l'une servant toujours de preuve à l'autre.

Dem. Qu'est-ce que l'élevation?

Resp. C'est un ordre de mouvemens, qui tient l'ame toujours élevée à l'objet qui lui est présenté, & qui le lui fait toujours envisager selon ce qu'il est en lui-même. Dans cet ordre il peut y avoir des saillies & des apparences de dérangemens; c'est l'art de réveiller l'attention qui se lasse quelquefois dans un ordre trop suivi: mais il n'est jamais permis de perdre de vûë son sujet, & de n'en pas raporter toutes les parties les unes aux autres. Pensez bien & exprimez bien ce que vous pensez, vous persuaderez toujours.

Dem. Marquez-moi encore, je vous prie, ce qu'il faut faire pour bien penser par raport à ce qu'on veut persuader.

Resp. Tous les hommes désirent avec la même ardeur d'être heureux; c'est par cette raison qu'il faut toujours leur faire envisager ou un bien ou un mal; mais chacun a son objet particulier, & l'un attache son bonheur où l'autre ne se figure que du dégoût & de l'ennui. Tous sont sujets à la joye & à la tristesse, mais tous n'en sont pas également susceptibles: vous sçavez que la cause qui produit ces passions, n'est pas en tous également agissante. Si donc un Orateur ne consultoit que lui-même, pour persuader, il feroit justement ce qu'il faut pour représenter aux autres ce qu'il est, & pour ne persuader personne. C'est pourquoi sa grande affaire est de s'appliquer à ce qui peut toucher ces *traces accessoires* dont nous avons parlé, après qu'il a connu ce qui domine particulierement les Esprits. L'Epitéte est d'un usage merveilleux pour cela;

& elle est toujours froide quand elle ne fait pas naître plus d'une idée sur le sujet où l'on s'en sert. C'est cet art de remuër des traces qui est celui de faire connoitre aux hommes ce qu'ils sont dans quelque état qu'ils se trouvent : de là dépend la véritable délicatesse. Si avec les traces qui les dominent on peut attaquer celles d'où ils tirent dequoi justifier leurs passions, & en prévenir les effets, je puis vous assurer que l'Eloquence triomphera.

CHAPITRE VI.

Moyens pour bien juger des Piéces d'Eloquence. Trois sortes de Critiques.

Dem. QUI sont ceux qui peuvent juger sainement d'une Piéce d'Eloquence ?

Resp. Ce sont ceux qui ont de bons principes & des idées bien distinctes. Sans cela on ne juge que de travers : on prend pour des ga-

248 *De la vraye & de la fausse* limatias pour des Discours.

Dem. En quoi faites-vous consister ces bons principes ?

Resp. A sçavoir démêler les sens d'avec la Raison.

Dem. Quel est l'effet des idées distinctes ?

Resp. C'est de faire apercevoir les vrais & les faux raports qui se trouvent entre toutes les pensées dont un Discours est composé. Si vous êtes jamais établi juge en ce genre, cherchez d'abord le dessein particulier du Discours, examinez-en la distribution, pésez la force des preuves, & sur tout demandez-vous à vous-même si la vérité s'est fait sentir, si vous avez reçû quelque lumiere, & si vous êtes plus instruit que vous n'étiez sur la matiere dont traite l'Orateur.

Dem.. Mais si les jugemens viennent à se partager, comment les accordera-t-on ?

Resp. Il faudra faire l'anatomie du Discours, mettre à part ce qui ne sert qu'à ébranler, & à part ce qui fait la preuve : c'est un moyen sûr pour discerner la vraye & la fausse Eloquence, & pour soumettre à ceux qui jugent par lumiere, ceux qui jugent par sentiment, ou qui se croyent convaincus, parce que des figures & divers mouvemens sensibles les ont agréablement ébranlez.

Dem. Ne pourroit-on point faire un Discours qui puisse contenter tout le monde ?

Resp. La diversité des génies partagera toujours les jugemens. Quand on juge par raison on ne se partage point. Car la Raison est universelle, & la même dans tous les hommes; mais quand on juge par goût, il y a toujours des avis contraires, parce que chacun a son goût particulier, & presque tous les hommes ne sçavent juger que par goût.

Dem. N'y a-t-il pas aussi un certain bon goût qui se trouve dans la plûpart des hommes ?

Resp. Il est vrai que presque tous ont assez d'oreille, pour sentir si un Discours est rempli, s'il a de la douceur, s'il y a quelque chose de rude & de forcé, ou qui ne se soutienne

250   *De la vraye & de la fausse*
pas, s'il est défectueux en quelque partie, & s'il est outré ou trop enflé. Ce qui a fait dire à Quintilien, que les Sçavans sçavent la maniere de composer, & que les ignorans goûtent le plaisir de la composition. *Docti rationem componendi intelligunt, indocti voluptatem* *. Mais cela ne regarde que l'harmonie & la cadence dont nous avons parlé, *ordo, junctura, numerus*: Et il s'agit ici de la force & de la realité des pensées, dont la Raison seule peut juger.

Dem. Faudra-t-il donc que les meilleurs Discours ne soient connus pour ce qu'ils sont que de peu de personnes?

Resp. Que cela ne vous inquiéte pas. Ceux qui cherchent de bonne foi la vérité, seront toujours édifiez d'un Discours solide & fondé en raison, il produira en eux l'effet qu'il doit produire, il les fera rentrer en eux-mêmes & consentir au véritable bien. C'est ce qui distingue la

* *Lib. 9. cap.* 4.

vraye Eloquence de ces vaines déclamations qui ne produisent que des mouvemens d'autant plus stériles, que l'Esprit sent que ce qui le frape ne l'engage à rien.

Dem. Ne faut-il pas aussi tâcher à plaire aux Critiques ?

Resp. Il faut tâcher à ne rien dire que de raisonnable & dans les régles. Les Critiques ne sont pas toujours ceux qui ont le plus d'intelligence. Supposons un Discours, dont le dessein est juste, dont la distribution est naturelle, dont les propositions sont claires, dont les preuves sont invincibles, où tout se soûtient également, Ce Discours ne sera pas entendu d'un homme qui n'a fait usage que de ses sens, & qui ne s'est accoutumé qu'à des tours d'imagination. Les pensées les plus solides paroitront des chiméres à cet homme, les plus justes raports seront des chiffres pour lui, il se fâchera, il se déchainera, il voudra que ses sens soient sa Raison, & que ce qui n'est pas de leur ressort soit incomprehensible. C'est un homme entierement dépaïsé, & qui ne peut se reconnoître. Il en viendra un autre qui n'aura pas l'Esprit tout à fait corrompu, il aura pensé quelquefois à quelque vérité, & il se sera laissé prévenir de quelque bonne maxime. Mais l'imagination sera encore sa partie dominante : il trouvera du bon, du vray, du solide dans le Discours; mais il y voudroit je ne sçai quoi *ici*, je ne sçai quoi *là*. C'est son imagination qui l'inquiéte. Un autre ne trouvera rien à redire *ici* & *là* ; mais il attaquera d'autres endroits, qu'un autre passera pour critiquer ce que les premiers avoient approuvé & peut-être admiré. Au milieu de tant de juges il y en aura un qui peut-être ne dira mot, mais qui plein d'amour pour la vérité dont il démêle les impressions d'avec les fantômes de l'imagination, juge & décide sans se tromper. C'est au jugement de celui-là que vous devez vous en tenir. C'est, ce me semble, assez qu'un Discours édifie toutes les ames bien disposées ; & que l'examen de ceux qui ont les avances nécessaires pour en juger, soit favorable. Ce seroit trop de plaire à tous Messieurs les Critiques. Cela ne fut jamais, & cela ne peut pas être.

Dem. Marquez-moi, je vous prie, les régles d'une Critique judicieuse ?

Resp. Ne vous en raportez point à vôtre goût particulier. Ce qui n'est pas de vôtre goût est peut-être de celui d'un autre ? Critiquez sur des régles certaines, sur des regles de bon sens, d'expérience, & si vous voulez, de Grammaire. Attaquez un Discours dans son dessein, dans sa distribution, dans ses preuves, dans l'ordre de ses mouvemens ; & ne dites que des choses sur lesquelles on ne puisse se partager. Autrement pour contenter vôtre humeur & plaire à quelques petits Esprits, vous vous feriez méprifer de toutes les personnes raisonnables. Parlons présentement de la memoire & de l'imagination.

CHAPITRE VII.

De la Memoire.

Dem. POURQUOY appelle-t-on la Memoire le trésor de l'Eloquence?

Resp. C'est que l'Eloquence suppose la présence d'une infinité d'idées à l'Esprit, & que ces idées supposent beaucoup d'expérience des choses humaines, la connoissance de beaucoup de faits, & un droit acquis sur les tours les plus agréables & les plus insinuans, toutes choses qui sont dans la memoire.

Dem. Qu'entendez-vous par ce mot de *Memoire*?

Resp. Je n'entens autre chose qu'un cerveau où tout ce que l'on a vû, entendu, aperçû par les sens, ou connu par l'Esprit, se trouve bien imprimé.

Dem. Comment se fait cette impression?

Resp. 1. Par l'action des objets,

extérieurs sur les organes des sens. 2. Par l'action des esprits animaux que la volonté détermine vers divers endroits du cerveau, & qu'elle oblige à en plier les fibres.

Dem. Comment ces fibres pliées font-elles ressouvenir?

Resp. Par de nouveaux ordres de la volonté qui rapelle les esprits sur ces fibres dont les plis font des chemins tous faits, qui donnent & aux fibres plus de facilité à être ébranlées, & aux esprits animaux plus de facilité à passer. Or vous sçavez que comme les volontez de l'ame sont suivies du mouvement des esprits, de même le renouvellement des traces est suivi des idées de l'ame. Ainsi la mémoire dans l'homme est comme un composé de traces & d'idées, de traces gravées sur le cerveau, d'idées qui répondent à ces traces. Ceux qui sont depuis long tems dans les affaires du monde, & qui lisent beaucoup, ont plus de traces que les autres : ils doivent donc aussi avoir un plus grand nombre d'idées, pourvû qu'ils ne manquent pas d'esprits animaux, & qu'ils ayent le cerveau d'une trempe propre à recevoir les espéces. Aussi voyons-nous qu'ordinairement ce sont gens de vaste memoire.

Dem. Pourquoi dit-on que ces grandes memoires ne sont pas toujours les compagnes du jugement ?

Resp. C'est que l'esprit trouvant moins de peine à recevoir les idées qui sont liées aux traces du cerveau, qu'à en comparer les raports, s'en tient précisément aux idées, & s'accoutume à ne point faire usage de la faculté de raisonner. La facilité que l'on a de parler des choses dont on a reçû les traces empêche encore de penser : On parle de tout, & on ne peut juger de rien. Il faut qu'on ait senti la honte de ce caractére. Car bien que ce soit celui de la plûpart des Sçavans, & qu'ils ne fassent parade de leur memoire, ils sont toujours prêts à s'en plaindre, quand le jugement en peut recevoir quelque honneur.

Dem. N'est-ce point à cause de la difficulté de comparer, que bien des gens qui raportent ce qu'ils ont lû, sont sujets à ne pas prendre la pensée de leurs Auteurs ?

Resp. Vous n'en devez pas douter : Ils ne considerent point ce qu'un Auteur se propose : ils n'examinent point ses principes : ils ne pésent point ses expressions : ils ajustent les traces qu'ils en reçoivent à d'autres traces qui n'y ont point de raport. Voila un Auteur qui n'est plus reconnoissable, il ne se reconnoîtroit pas lui-même entre les mains qui le manient. C'est le principe de tant de fausses applications que l'on fait du langage des saints Docteurs ; c'est la source des confusions de la Morale : de là l'Esprit faux & injuste.

Dem. Comment se souvient-on du tour d'une pensée ?

Resp. L'arrangement des mots produit sur vôtre cerveau un pareil arrangement de traces, & par conséquent un même raport d'idées dans vôtre ame, dont la volonté fait repasser les esprits sur ces traces, & acquiert ainsi droit sur elles pour l'avenir : Vous avez vû que ce pouvoir qu'a la volonté de plier les fibres du cerveau par le mouvement des esprits, & d'y renvoyer les esprits quand il lui plait, est ce qui fait qu'on se souvient de ses propres pensées, quoi qu'on ne les ait ni prononcées ni écrites : & on conçoit aisément que sans les ordres de la volonté les esprits toujours en mouvement dans le cerveau peuvent bien passer sur quelques traces dont le renouvellement fait penser tout à coup à des objets comme si on y avoit voulu penser.

Dem. N'y a-t-il pas dans l'ame quelque chose qui la fait ressouvenir des idées qu'elle a reçûës ?

Resp. Il lui reste une disposition qui détermine la volonté par raport aux objets dont elle a eu la perception; & cette disposition est ce qu'on peut appeller *Memoire intellectuelle*: mais nous ne connoissons pas assez les habitudes de l'ame pour en parler clairement, & elles ne nous seroient ici d'aucun usage.

Dem. D'où vient que quelquefois on demeure court sur des choses qu'on avoit apprises par cœur ?

Resp. C'est que le cerveau n'étant pas par tout également fléxible, quelque fibre vient à se redresser, & empêche les esprits de passer outre : quelquefois un effort de volonté leur redonne leur cours ; mais quelquefois aussi la fibre est trop redressée, & les esprits sont trop dissipez : ils voltigent en desordre sur d'autres traces : il faut quitter la partie, ou ne dire que des sotises.

Dem. Ne peut-on point prévenir cet inconvenient du cerveau ?

Resp. Je n'y sçache rien autre chose à faire, 1. que d'être fort attentif à ce que l'on doit réciter sans laisser à l'esprit le tems d'apercevoir d'autres idées : on sçait assez que la volonté n'est active sur les esprits animaux qu'à proportion de l'attention de l'ame à son objet. 2. Que de donner aux idées qu'on suit dans la composition un ordre si naturel, que les esprits en suivent les traces comme d'eux-mêmes. Si les idées ne se lient pas, les traces ne s'ajustent pas bien ; & de là s'ensuit la dissipation des esprits quand on veut qu'ils ouvrent ces traces. On pourra malgré ces précautions se trouver mal servi de sa memoire ; en ce cas on fera bien de ne pas trop l'exposer en public.

Dem. Qui sont ceux qui n'ont rien à craindre de leur memoire ?

Resp. Ce sont ceux dont le cerveau approche le plus de celui des enfans, c'est à dire, qui ont des esprits animaux propres pour toutes sortes de mouvemens, & des fibres soumises à toutes les impressions.

Dem. Trouvez-vous que les enfans ayent toujours la memoire si sûre ?

Resp. S'ils étoient attentifs ils se souviendroient de tout, ils reciteroient tout ce qu'ils lisent & tout ce qu'ils entendent dans les mêmes termes & dans le même ordre qu'ils l'ont lû & entendu ; mais la mobilité des esprits, qui fait la moitié de leur memoire, produit en eux des distractions qui rabattent beaucoup du souvenir. Sans cela ils auroient trop de memoire.

Dem. Peut-on avoir trop d'une si bonne chose ?

Resp. Vous voyez des gens qui narrent toujours. La fin d'une histoire est toujours chez eux le commencement d'une autre ; ils parcourent tous les tems ; ils passent en revûë tous les peuples : ils tiennent le bureau tout un jour, ils le tiendroient une année. Vous en voyez d'autres qui déterminez par un trait de Poësie récitent trois ou quatre cent Vers tout d'une haleine ; & ne sortent d'Horace ou de Racine que pour entrer dans Virgile ou Corneille. Le terrein ne leur manque jamais : si vous voulez les écouter ils réciteront toujours, ils récitent même sans y penser : C'est l'effet d'un cerveau où les Livres sont imprimez, & sur lequel l'ame n'a pris aucun empire par l'usage du jugement: c'est une horloge détraquée où il ne se trouve point de ressort qui l'arrête : il vaudroit mieux manquer de memoire que d'avoir une telle fécondité.

Dem. N'est-il pas à propos d'exercer le plus que l'on peut sa memoire ?

Resp. Il faut l'exercer: mais il faut

en l'exerçant la régler. On fait l'un & l'autre. 1. En faisant provision de bons principes. 2. En faisant choix des choses qui sont propres à enrichir la memoire sans la charger. 3. En considérant ces choses par toutes leurs faces pour en connoitre le prix & les usages différens. Le choix & l'examen les rendent familieres à l'esprit, & empêchent qu'on ne les récite à contre-tems. Par là l'on apprend à composer, & l'on apprend par cœur facilement. Vous sçavez assez qu'à mesure qu'on prononce on acquiert de la facilité à prononcer.

Dem. L'imagination ne peut-elle point troubler la memoire ?

Resp. La memoire & l'imagination ne s'accordent pas trop mal. L'une par les traces rappelle les idées ; l'autre contemple les idées par les traces : il ne faut que les faire convenir en fait de traces : pour l'une & l'autre l'on a les mêmes régles à suivre ; mais sans ces régles l'imagination à l'occasion des traces fabrique de nouveaux fantômes ; & de là naissent comparaisons fantastiques, traits bizarres, saillies extravagantes, Il est d'autant plus important de régler cette faculté de l'ame, que d'elle dépend & le geste & l'accent de la voix. Une imagination déréglée fait prendre des tons déréglez, & répand sur le geste un air contraint & dégoûtant : tout ce qu'elle enfante est aussi ridicule, qu'il y a d'agrément dans ce qu'elle produit quand elle est vive & bien réglée. Mais pour dire encore un mot de la memoire. Regardez ce composé d'idées & de traces, de volontez & de mouvemens d'esprits animaux, de traces que des idées suivent, de volontez qui partagent les esprits, les uns pour r'ouvrir les traces, les autres pous agiter la langue, les yeux & les bras de l'Orateur. Il y a là un détail de méchanique infini, une suite de mouvemens prodigieuse pour exprimer une pensée ; & cependant les mouvemens & la pensée passent dans le même instant : on pense, on veut réciter, on récite tout à la fois ; & ce qu'on prononce se répand à l'entour, porte dans mil auditeurs les pensées dont on est rempli soi-même. S'il y a quelque chose de plus divin dans la nature, il m'est tout à fait inconnu.

CHAPITRE VIII.

Réponses aux objections que l'on fait contre l'Eloquence de la Chaire; & l'usage de l'imagination.

JAMAIS le Public ne marqua plus de partialité, qu'il en fait voir aujourd'hui sur la maniere de le prêcher. Chacun tombe d'accord qu'un Prédicateur ne doit se proposer autre chose, que de donner à ses auditeurs les vrayes idées de la Morale & de la Religion, les instruire & les toucher. On convient de la stérilité d'un Discours qui n'a que du brillant, des figures & de la cadence: on demande par tout du sens & de la Raison sous les paroles; & on ne peut reprocher à qui que ce soit d'être superficiel sans l'offenser. Jusques-là on ne se partage

Eloquence.

tage point. Mais les uns voudroient *
qu'un Predicateur *ne parlât qu'à l'intelligence pour mettre l'ame en mouvement* : & les autres pretendent qu'il est nécessaire de se servir de l'imagination, pour faire entrer la vérité dans les Esprits, & pour convaincre l'homme de ce qu'il est ; je vais vous lever toutes les dificultez qui vous pourront naître sur ce dernier sentiment.

Dem. Ne pourroit-on point dire que les discours figurez, mesurez & périodiques sont plus propres à persuader ce qui regarde la vie civile, que ce qui regarde la Religion ?

Resp. Plus les véritez sont importantes, plus il est à propos d'employer tous les moyens qui peuvent les faire entrer dans les Esprits. L'ordre de la societé dépend de la Religion. Il faut dans la societé preferer Dieu à toutes choses, être detaché

* *Lisez la Preface de la Traduction des Sermons de saint Augustin, par feu Mr. Dubois, & les Reflexions de Mr. Arnaud sur l'Eloquence des Predicateurs.*

des biens sensibles, rendre à chacun ce qui luy est dû, travailler pour le bien commun. On ne peut donc à cet égard distinguer la Religion d'avec la vie civile. Mais peut-être regardez-vous l'Eloquence comme un amusement inventé pour exercer & divertir l'imagination.

Dem. Ne voyons nous pas en effet qu'elle est bannie de toutes les affaires un peu serieuses de la vie, telles que sont celles qui regardent la politique, le bien, & la santé ?

Resp. Il est vray qu'un Prince dans son Conseil, un plaideur dans ses procés, un malade dans ses infirmitez demandent des reponses précises, & ne veulent point d'éloquence : remplis qu'ils sont de leurs affaires, & occupez de leur mal, ils n'ont besoin que de conseil & de remede : ils sentent actuellement ce qui les touche & ce qui les presse : il ne faut rien davantage pour produire la conviction : aussi l'Eloquence n'a pas de telles gens pour objet, elle tend à convaincre de leurs devoirs ces hommes qui ne s'occupent qu'à des biens d'une vie paſſagere, qui ſont de ſang & de chair, qui ne connoiſſent point ce qu'ils ſont, qui aiment l'erreur & l'illuſion, & qui s'irritent contre le Medecin, & à qui le remede fait horreur : on s'accommode à l'imagination de ceux là, on la flatte en quelque ſorte pour les aprivoiſer, & les ramener à la raiſon.

Dem. N'avoüerez-vous pas cependant que l'imagination met mille obſtacles à l'entrée de la verité dans l'eſprit & dans le cœur ; & que les choſes qu'on préche étant inviſibles, ſpirituelles, infiniment éloignées de tout ce qui a raport aux ſens, demandent un auditeur en garde contre les illuſions & des ſens & de l'imagination ?

Reſp. Je ſçay bien que celuy dont le cerveau eſt chargé de trop d'eſpeces, ne trouve que des phantômes dans ſon chemin, qu'il ſe trouve dans des diſtractions perpetuelles, & qu'il eſt inutile de luy parler d'attention ; mais c'eſt cela même qui prouve la néceſſité d'arrêter l'imagination par elle même. On ne pretend pas que

M ij

l'imagination mene l'esprit à la connoissance de la verité & à l'amour des biens celestes, ce seroit ne la pas connoître : mais on tâche à l'occuper par des choses qui luy conviennent pendant qu'on r'appelle l'esprit à son veritable objet. On presente à l'imagination une écorce, afin qu'elle laisse l'esprit se nourrir du suc & de la substance qu'on luy a preparée.

Dem. Si les premieres impressions que l'ame a reçuës dans l'imagination se trouvent d'ordinaire si fortes, que la plûpart des hommes y demeurent livrez pour toute leur vie, n'est ce pas augmenter le mal, que de donner encore une espece de nourriture à une faculté si dangereuse ?

Resp. La nourriture qu'on luy donne n'est rien en comparaison de la force que l'esprit reçoit. Frapé de la lumiere de la verité il se detourne du sensible ; & l'imagination qui le seduisoit par des phantômes directement opposez au vray bien, ne luy presente que de propres à le soutenir dans les considerations où l'on l'a fait entrer.

Dem. Saint Paul n'a-t-il pas dit que c'étoit par la vertu de l'esprit de Dieu, & non pas par les tours & les adresses de l'Eloquence humaine, qu'il pretendoit faire entrer la science du salut dans le cœur des fideles ?

Resp. Tâchons à bien prendre le sens de saint Paul. Cet Apôtre pretend que l'etablissement de l'Evangile depend precisément de la vertu de l'esprit de Dieu ; mais il ne pretend point que l'Eloquence soit inutile pour faire entrer dans la pratique de l'Evangile ceux qui l'ont une fois reçuë. Il pretend que les cœurs ne peuvent être flechis que par la vertu de l'esprit de Dieu ; mais il ne defend pas d'employer des manieres sensibles pour aprivoiser les esprits avec la verité, & par là les disposer à recevoir l'impression du saint Esprit : il condamne l'usage de l'Eloquence humaine ; mais ce n'est que dans ces hommes vains qui abusent du ministere evangelique en préchant leurs imaginations & leurs erreurs, & non pas la Doctrine de Jesus-Christ. Ce qui n'est pas icy en question.

Dem. Mais n'est-il pas constant, que toute l'adresse de l'Eloquence n'impose point aux gens de bon esprit, & qu'au travers de tous ses prestiges, ils sçavent demêler la veritable nature & la juste valeur de chaque chose ?

Resp. L'Eloquence selon l'idée que nous en avons prise est sans *prestiges* & ne tend point à imposer. Si elle avoit ces caracteres, il faudroit la bannir de la societé, aussi bien que de la Religion. Car l'erreur & l'imposture sont par tout dangereuses. Ces gens de bon esprit qui n'y ont point égard, & qui sans elle vont au but, sont fort heureux, ce n'est pas à eux qu'on s'adresse. On est particulierement redevable à ces ames vulgaires qui ne marchent qu'autant qu'on s'accommode à leur foiblesse. Ce sont les brebis qu'il faut ramener au troupeau : on s'y prend comme l'on peut, & si l'on employe pour cela les *prestiges*, c'est en ce sens, que par des manieres qu'elles aiment, on les tourne vers ce qu'elles n'aiment pas, & ce qu'elles doivent aimer.

Dem. Si dans la Geometrie & dans la Physique on peut aller droit à l'esprit sans aller à l'imagination, pourquoy faut-il prendre ce detour dans la Morale, sur laquelle on a des idées si distinctes ?

Resp. Quoy que la Geometrie & la Physique ne demandent point de figures dans le discours, elles ne laissent pas pour cela de passer par l'imagination avant que d'arriver à l'esprit. Voyez combien de figures on trace sur le papier & sur l'ardoise à ceux qui veulent apprendre des sciences. Or comme les figures ne tendent qu'à retenir l'imagination, pendant que l'esprit compare les raports de l'étenduë ; de même dans la Morale l'usage des Discours eloquens & figurez est d'acorder en quelque sorte cette faculté avec l'intelligence, afin que durant cette treve les veritez du salut trouvent entrée dans l'esprit.

Dem. N'est-il point à craindre que des veritez revetuës de figures & d'agremens ne s'arrêtent à l'imagination ?

Resp. Tout est à craindre de nous

dans la corruption où nous sommes. Mais si l'art de l'Orateur n'est pas assez fort pour surprendre nôtre malice, c'est precisément nôtre faute.

Dem. Dites-moy donc en quel sens l'on dit que l'imagination est le poison de l'intelligence ; & qu'on ne peut faire entrer par elle dans le cœur, que l'amour des choses sensibles ?

Resp. Le premier se dit en ce sens ; que les objets des images de nos passions entretiennent nôtre atachement à la terre, & interrompent nos reflexions sur la nature des vrais biens. Le second signifie encore que le commerce du monde entretient en nous par l'imagination, l'amour des choses sensibles qui est nôtre peché d'origine. On ne pretend point faire entrer par l'imagination l'amour de la verité dans le cœur ; mais seulement ôter par elle même l'empêchement qu'elle met à la conversion de l'esprit vers les veritez essentielles. Car Dieu nous a faits, de maniere que si nous pouvons bien tourner en poison les biens dont il nous a comblez, il peut bien changer en remede le poison que nous nous sommes preparez à nous mêmes. C'est un des plus admirables effets de sa providence, qu'en permettant que l'homme se corrompit d'une maniere à demeurer éternellement dans l'ignorance de la verité, il fait de cette corruption ou de cet amour propre dont nous sommes tous esclaves, un moyen par lequel nous pouvons reprendre la route, & parvenir à la connoissance du vray bien. Rentrez un peu en vous même; & vous verrez que dans l'état où nous nous trouvons l'imagination se presentera toujours, de maniere que si on ne la sçait tromper par elle même, elle sçaura tourner en fumée les veritez les plus saintes.

Dem. L'homme qu'on suit ainsi dans son égarement, ne sera-t-il point sujet à prendre son imagination pour son cœur, & à se croire converti, parce que son imagination sera ébranlée?

Resp. De quelque maniere que l'homme soit instruit, il pourra se croire converti sans l'être veritablement. Le pecheur peut bien sentir la douleur qu'il conçoit de son peché; mais il ne peut être certain de sa conversion ; Dieu seul la connoît, parce que luy seul connoit le fond des cœurs & le degré de nos attachemens aux creatures. C'est là le fondement de la crainte salutaire des justes : ils se consolent à la vûë de la verité & des misericordes de leur divin Chef ; mais ils doutent toujours de leur justice, persuadez qu'ils ne se connoîtront qu'au dernier moment de leur vie, tels qu'ils sont aux yeux de Dieu ; ainsi la raison que vous venez d'aporter ne peut rien contre l'Eloquence de la Chaire.

Dem. Ne seroit il point mieux de commencer par instruire l'esprit, & de n'employer les manieres & les figures qui sont la part de l'imagination, que pour imprimer fortement les veritez qui auroient déja saisi l'intelligence ?

Resp. Vous n'avez nul sujet de penser que l'imagination puisse plutôt servir à imprimer ou à entretenir les veritez dans l'intelligence, qu'à les y faire entrer. L'imagination est un ennemi qu'on tâche à surprendre: on ne s'en met plus en peine quand la verité est entrée. Mais que l'eloquence ne doive être employée qu'alors, comment sçaura-t-on le moment où la verité aura fait son effet? L'exemple des Predicateurs deputez immediatement de Dieu doit decider là dessus : Voyez si pour saisir l'ame & la convaincre, ils ne débutent pas par des manieres pathetiques, par des expressions figurées, par des images sensibles, par des paraboles & des comparaisons, mais tellement ménagées qu'à mesure que le cerveau est ébranlé, la lumiere se repand dans l'ame, & la crainte & la confiance dans le cœur?

Dem. Mais ne faut il pas que ce soit l'ame qui mene l'imagination, & que cette partie inferieure soit soumise à l'intelligence?

Resp. Il le faut? Mais malheureusement nous sommes des pecheurs qui dependons necessairement du corps ; & cette dependance qui ne peut finir en nous qu'avec la vie, renverse tout l'ordre que vous demandez. Si l'ame tenoit, comme elle auroit dû, l'imagination sous le joug, si elle étoit afranchie de tout le sensible, & toujours susceptible de la pure verité, on laisseroit là son esclave. Mais nous sçavons trop la difference de l'état où nous sommes à celuy où nous devrions être.

Dem. Que l'éloquence soit necessaire, n'est elle pas née avec tout homme de bon esprit, qui sçait bien parler, & qui est bien plein & bien penetré de sa matiere?

Resp. Un bon esprit qui n'a pas esté cultivé n'empêche pas qu'on ne prenne la vray-semblance pour la verité, il n'empêche pas qu'on ne soit la dupe éternelle du prejugé. C'est l'étude, c'est le travail, c'est l'attention à tout ce qui se passe en nous, & à la conduite des autres hommes, qui nous fait connoître les ressorts de l'esprit humain. Un bon esprit est assez éclairé sur ses affaires particulieres, & sur un certain commerce où il s'est toujours trouvé : mais il ne va jamais plus loin quand il s'en tient

Eloquence.

à ce qu'il a reçû de la nature. Il ne faut qu'une imagination heureuse pour faire un excellent Poëte, pour amuser & divertir ; mais on ne fut jamais Orateur, j'entens Orateur selon les regles, qu'aprés une étude particuliere de l'homme & des manieres de le gagner.

Dem. Ne pourroit-on point du moins faire consister la vraye Eloquence dans un certain ordre geometrique tel qu'on le trouve dans les harangues de Ciceron & de Demosthene ?

Resp. L'ordre Geometrique n'est pas ce qui persuade les gens d'imagination ; cet ordre est un ordre de bon sens que le vray Orateur suit toujours ; mais il n'exclut pas les figures & les agrémens. Lisez Ciceron & Demosthene, vous verrez que bien loin de n'avoir pas fait plus de façon qu'il en faut faire pour en venir à cette proposition, que *les trois angles d'un Triangle sont égaux à deux droits*, qu'au contraire si vous retranchez de leurs discours ce qui n'est que pour l'imagination, vous ne trouverez pas toujours dans le reste dequoy vous contenter.

Dem. Seroit-ce encore une pensée deraisonnable de dire que l'eloquence se trouve dans la nature des choses mêmes, telles que sont celles qui regardent la Religion ?

Resp. Cela veut dire que les veritez de la Religion sont touchantes par elles mêmes. Mais si la vraye Eloquence ne se trouve que dans ces veritez, où en seront Ciceron & Demosthéne ? La verité est aimable par elle même, j'en conviens : mais en tant qu'elle s'oppose au dereglement de la nature, elle ne plait point à l'homme corrompu : il la cherche pourtant & la demande ; mais dés qu'il en sent les reproches & qu'elle luy prescrit des regles, il n'en veut plus ; son imagination se souleve, & pour amuser cette rebelle, il faut une Eloquence étudiée.

Dem. Ne m'acorderez-vous pas du moins que l'Eloquence de la Chaire dépend entierement du zele & de la sainteté de l'Orateur ?

Resp. L'Eloquence & le zele sont

deux choses tres differentes, tel est saint qui ne sçait point persuader. On peut aussi sans être saint avoir le don de la parole & même celuy des miracles. Mais je vous avoüeray franchement qu'un Prédicateur pour l'ordinaire ne persuade qu'autant qu'il est convaincu & penetré luy même. Nous en avons vû les raisons, qui nous ôtent tout sujet d'être surpris que tant de predications, toutes vehementes & animées qu'elles sont, laissent les peuples dans la secheresse & les tenebres.

Dem. D'où vient qu'on se partage tant sur ce qui convient à l'homme ?

Resp. C'est qu'on ne regarde point l'homme tel qu'il est. Dans un tems on ne le regardera que dans sa bassesse ; & alors on ne luy prescrira point d'autre voye que celle des bêtes. Dans un autre tems on ne le regardera que dans son origine & dans sa fin ; & alors on luy tracera un chemin tellement spirituel qu'il faudroit des esprits unis à des corps glorieux, pour le suivre. Il faut le regarder

De la vraye & de la fausse d'une même veuë, & dans sa bassesse & dans la grandeur de sa vocation ; alors on aperçoit comment il faut le conduire. Etudiez-le de plus en plus, si vous aspirez à la veritable Eloquence, souvenez-vous que pour être Orateur il faut avoir la verité pour objet, qu'il faut parler clairement & d'une maniere engageante ; que de là dépend l'ordre du gouvernement politique & le reglement des mœurs ; & que par cette raison il faut que vous en fassiez vôtre affaire la plus serieuse.

Fin du second Tome.

www.ingramcontent.com/pod-product-compliance
Lightning Source LLC
Chambersburg PA
CBHW050636170426
43200CB00008B/1044